U0081684

陳攖寧　著　蒲團子　編

陳攖寧文集·四

天隱子
坤寧經
道竅談

心一堂

書名：陳攖寧文集 四 天隱子、坤寧經、道竅談

作者：陳攖寧

編者：蒲團子

責任編輯：陳劍聰

出版：心一堂有限公司

通訊地址：香港九龍旺角彌敦道610號荷李活商業中心十八樓05-06室

深港讀者服務中心：深圳市羅湖區立新路六號羅湖商業大廈負一層008室

電話號碼：(852)90277110

網址：publish.sunyata.cc

電郵：sunyatabook@gmail.com

網店：http://book.sunyata.cc

淘寶店地址：https://shop210782774.taobao.com

微店地址：https://weidian.com/s/1212826297

臉書：https://www.facebook.com/sunyatabook

讀者論壇：http://bbs.sunyata.cc

版次：二〇二〇年九月初版

平裝

定價：港 幣 二百五十八元正

人民幣 一百八十元正

新臺幣 九百九十八元正

國際書號：ISBN 978-988-8583-44-7

香港發行：香港聯合書刊物流有限公司

地址：香港新界大埔汀麗路三十六號中華商務印刷大廈三樓

電話號碼：(852)2150-2100

傳真號碼：(852)2407-3062

電郵：info@suplogistics.com.hk

臺灣發行：秀威資訊科技股份有限公司

地址：臺灣臺北市內湖區瑞光路七十六巷六十五號一樓

電話號碼：+886-2-2796-3638

傳真號碼：+886-2-2796-1377

網絡書店：www.bodbooks.com.tw

臺灣秀威書店讀者服務中心

地址：臺灣臺北市中山區松江路二〇九號一樓

電話號碼：+886-2-2518-0207

傳真號碼：+886-2-2518-0778

網絡書店：www.govbooks.com.tw

中國大陸發行 零售：深圳心一堂文化傳播有限公司

地址：深圳羅湖區立新路六號羅湖商業大廈負一層008室

電話號碼：(86)0755-82224934

影書書叢小學道

影書書叢小學道子女

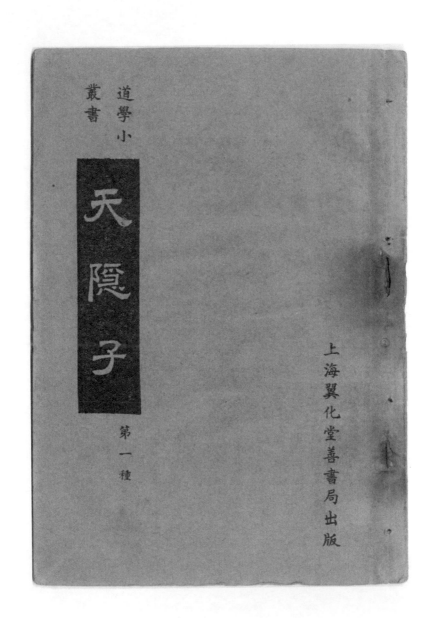

道學小
叢書

天隱子

第一種

上海翼化堂善書局出版

影書子隱天

道學小
叢書

坐忘論

第二種

上海燮化堂善書局出版

坐忘論書影

道學小
叢書

五息直指

第三種

上海翼化堂善書書局出版

影書指直息五

道學小叢書

旁門小術錄

第四種

上海翼化堂善書局出版

影書錄術小門旁

道學小
叢書

金火丹訣

第五種

上海翼化堂善書局出版

影書訣丹火金

道學小叢書

三乘祕密口訣

第六種

上海翼化堂善書書局出版

三乘秘密口訣書影一

三乘秘密口訣附錄

秘傳用功口訣

靜坐焚香。止念忘情。心死神活。厚鋪坐褥。寬衣解帶。於子時向東盤坐。握固。端身。直脊。脣齒相著。舌柱上腭。口不開。耳返聽。目垂簾。自元宮回光返照於臍下。

靜室者使無喧擾之患。焚香者誠潔以通靈氣。止念者斷滅一切妄念。忘情者物我兩忘。忘情則復性矣。心死者安心已息。神活者靈明自生。厚鋪坐褥者使體不倦也。寬衣解帶者令氣得流神也。向東者取生氣也。盤坐握固者收攝精子時者乃陽氣發生之時也。握固者手握拳也。端身直脊者使周身之氣能升降也。目垂簾者神不昏亦不露也。口不開者氣不散也。耳返聽者精不耗也。目光自元宮返照臍下者。譬如天上日月之光下照於地。而生萬物

女子道學小叢書

坤寧經

第一種

上海翼化堂善書局出版

一影書經妙寧坤

坤寧妙經書影二

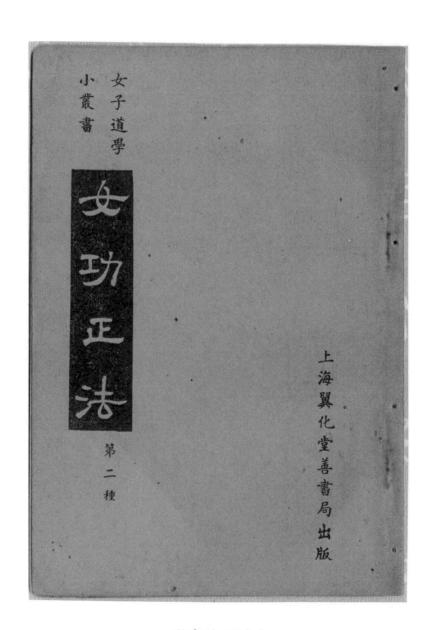

女子道學小叢書

女功正法

第二種

上海翼化堂善書局出版

女功正法書影

女子道學
小叢書

女丹十則

第三種

上海翼化堂善書局出版

影書則十丹女

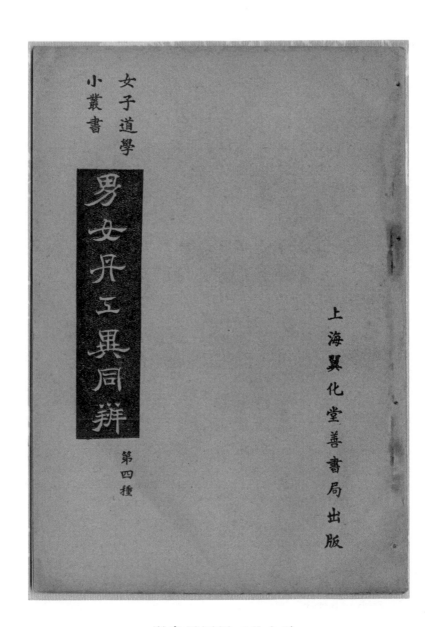

女子道學
小叢書

男女丹工異同辯

第四種

上海翼化堂善書局出版

影書辨同異工丹女男

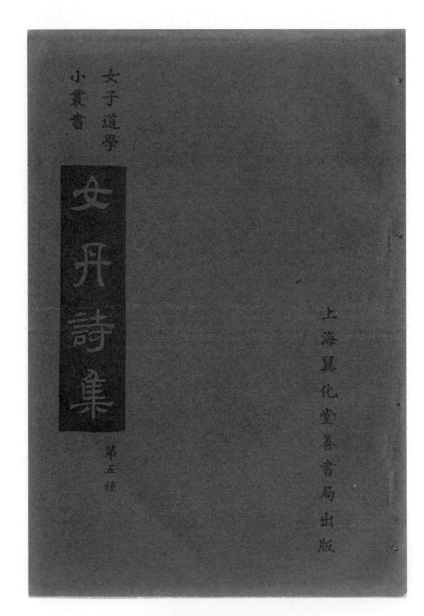

女子道學
小叢書

女丹詩集

第五種

上海翼化堂善書局出版

女丹詩集書影

長乙山人李涵虛著

皖江陳攖寧校訂

道竅談

三車秘旨

合刊

上海丹道刻經會印行

影書刊合旨秘車三談竅道

長乙山人李涵虛著

皖江陳攖寧校訂

少臣道兄 惠存

張竹銘敬贈

道竅談

上海丹道刻經會印行

長乙山人李涵虛著

皖江陳攖寧校訂

三車秘旨

上海丹道刻經會印行

影書旨秘車三

呂祖仙跡詩詞合刊　目錄

影書錄目刊合詞詩跡仙祖呂

此書爲薛之佳所鈔寫錯誤之處又不少
更加難讀。余貲了七日工夫，修改其
文詳細校正其錯誤，圈點其字句，到分
其段落，方終完畢。後之學者便到多矣。

三一音符 崆峒道人張心箱作

邱祖秘傳大丹直指

此篇原是青島某道友手鈔秘本。往年常刻上海、
請我審定。余觀篇中所有工法口訣乃北派真傳。
惜其字句錯誤、文理欠通之處頗多。遂加一番修

跋蕆後寄還某君。不久彼專將余修政之稿付諸
油印。印成每送一本給我。即此冊是也。惟當日教
奴修政未結盡善。閱讀之下、仍不免荊棘剌眼。今又作
第二次修政、稍為可觀。但不敢謂滿意耳。

民國三十七年
冬季攖寧識

法藏總抄影

極也可相離乎或言釋氏了性道家了命非通論也夫佛無我相破貪著之見

也道云守毋貴無名之始也不知性安知命耶既知命矣性可道耶故論性而
中派別也

免下手處○不滯於空於命在其中矣守毋而復歸於樸性在其人是

惟在用之活○不滯於空○謂形神俱妙與道合真也○問子之論性命則既明且盡矣敢問性之在人

宜直今代○果何物也可得而見乎曰性不可以見則性也於不可見而欲求其所以

斷可知○見則性愈遠矣何那性之為物也可以無心見而不可以有心求昔者老聖稱

天機與名見○太樸以無名黃帝索玄珠於罔象古人之喻歇有深意請言人之所以生也無

道德經○極之真二五之精妙合而凝所謂性即無極也所謂命即二五之精也二者妙

言珠同象○合而人始生焉方其未生之前則所謂無極沖沖鴻濛何相何名何音何緒

見莊子○何臭何聲及乎二五既凝得一以靈何思何為何應何營是性之本體也夫自

二五妙合二○由見化宋周張子曰形而後有氣質之性善反之則天地之性存焉所

子太極圖說○情識開而本體鑿矣張子曰○即本體即天地之性也老子曰後歸於樸復歸於嬰

承月契○謂情識即氣質之性也所謂本體即天地之性也老子曰後歸於樸復歸於嬰

妙合而凝見○終復歸於無極即善反也故修道之要莫先於煉性性定而氣質不足以累之

拴二五精○

一影書論膚玄批頂生先寧攖陳

自動而凡息之所以停者非有心而屏之也虛極靜篤故益以凡夫躁競之心

今之論者但知調息而忽不自知其路於以心逐氣之病益心愈細而氣愈微且

未閒復習一旦使之依息心豈肯自依未免着意則氣未平而心先動矣

宣非調以氣而後神乎予故曰調息者自然依息之謂非逐於息之謂也調息

又自調心始調心者攝念歸靜行住坐臥常在腔子裏久久純熟積習生常自然

澡雪柔涎延與息相和也和則相依依而勿逐凡息自停真息自動彙篇一鼓

煉精化氣薰而上騰灌注三宮是謂真彙篇真鼎爐真火候也

火符論

以真息為火其亦有說乎曰有之護守藥爐着火候但安神息任天然丹竈河

車休砌砌鶴胎龜息自綿綿古仙之言不一而足然非以息為火也火神火也

息小火之彙篇也今夫神氣相守之時神則無為而氣機不能以不動故一閤

一闢與經脈上下相為流通所以覺其動者神也一氣流通元神獨覺神與氣

融寬急相得是火力調勻然後丹成而藥就也予嘗以彙篇喻真息蓋亦有理

二影書論膚玄批頂生先寧攖陳

真乙之氣其能全乎是猶藏巳壞之瓜果幕巳啟之酒醴求其無壞豈不難哉

此理甚明人所易曉近取諸身遠取諸物可罕譬而喻者世還丹之道載諸丹

經學者不能熟讀而詳味之獨以一言半句出口入耳自謂真傳實詣至於終

身執迷獨修一物而莫之悟可哀甚也予憫此徒故著是論古仙有云形以道

全命以術延今論道者比比術在何處請試思之

破邪論

邪者皆注意在有形渣滓之物。而不識先天一氣也。

今之論同類者其說不一予皆舉之九一之術邪勿論矣有先天梅子之說影

響形似或有可聽然皆有形渣滓之物實與世之紅鉛異名而同事以為之道

恐或未然至於離形交氣之說顛倒兩竅之說開關鑄劍之說上進下進之說

或反經而為蟠桃或含眾而飲甘露或碎磁釀鐵為酒漿或取男女淫液和麪

藥或配秋石而稱人元種種不一類皆邪師曲學以盲引盲窮年皓首近以無

成以至敗德禍身大可憐也天先天之氣求自虛無視不可見聽不

可聞摶不可得如以揣摩鉤致多方索取則去之遠矣所謂浮沉鉄兩今復何

陳攖寧先生頂批破論書影

陳攖寧文集·四 目錄

典籍校訂卷上

一

二

六

一五

典籍校訂卷

上

陳攖寧　常遵先　校訂

道學小叢書

道學小叢書編輯大意

一，道學之由來，出於周秦以前之道家。道家之說，發源於黃帝，集成於老聃，流而爲莊列，變而爲韓非、鬼谷，衍而爲鶡冠、淮南。中國道家歷史，遠在印度佛教產生之前二千餘年，故道學資格最深，爲世界任何宗教哲學所不及。

二，道家別派，一變而爲儒家。儒家分支，再變而爲宋明理學。故道學範圍，較理學爲寬廣。

三，道家中修養一派，即後世神仙家所宗。「黃帝且戰且學仙」，老子更標著「長生久視之道」，故「道學」二字，又包括仙學在內。

四，編者早有仙道叢書之輯，內容博大精深，現已陸續用木版刊行，但頗需時日，今特體學者先覩爲快之心，遂編者儘量流通之願，復奮勉從事，編輯道學小叢書。取材務精，出版務速，注重實用，廢棄空談，頁數不多，法門無盡。

五，本書編輯宗旨，乃提倡中國固有之道學，絕對破除迷信，凡稍涉迷信文字，概不收錄。

蒲團子按

編輯大意原載各分冊卷首，今置叢書卷首，分冊不再收錄，以節省篇幅。

五

天隱子　陳攖寧　校訂

四庫全書道家類天隱子提要

天隱子，亦唐人撰，不知其姓名，前有司馬承禎序，則元宗時人。晁公武、陳振孫皆疑爲承禎所託名。然承禎有坐忘論已自著名，又何必託名爲此書也？

書凡八篇：一曰神仙；二曰易簡；三曰漸門；四曰齋戒；五曰安處；六曰存想；七曰坐忘；八曰神解。讀書志稱，一本有三宮法附於後。此本無之，殆傳寫佚脫矣。

書寥寥僅兩三紙，不能自成卷帙，今以與元真子同時，即附之元真子後，俾從其類焉。

唐司馬承禎天隱子原序

神仙之道，以長生爲本。長生之要，以養氣爲根。夫氣受之於天地，和之於陰陽。陰陽神靈，謂之心主。晝夜寤寐，謂之魂魄。是故人之身大率不遠乎神仙之道矣。

天隱子者，吾不知其何許人，著書八篇，包括秘妙，殆非人間所能力學者也。觀夫修鍊神氣、養和心靈，歸根契於伯陽，遺照齊於莊叟。長生久視，無出是書。自伯陽以來，惟天隱子而已。

承禎服習道風，惜乎世人夭促真壽，思欲傳之同志，使簡易而行。信哉！自伯陽以來，惟天隱子而已。

唐司馬承禎謹序

宋胡璉天隱子書後

昔謝自然欲過海求師蓬萊，至海上，或謂自然曰：「蓬萊隔弱水三萬里，不可到。天台有司馬子微，身居赤城，名在絳闕，可往從之。」自然乃還，受道於子微，白日仙去。東坡水龍吟詞云：「古來雲海茫茫，蓬山絳闕知何處。人間自有赤城居士，龍蟠鳳舉，清靜無爲，坐忘遺照，八篇奇語。」觀此，則此書八篇，當是子微所著。而〈序〉乃云「天隱子，不知何許人」，意者不欲自顯其名邪。

紹興壬午從事郎知台州黃巖縣主管學事勸農公事胡璉跋

陳攖寧校訂翼化堂單行本天隱子序

天隱子，書名也，亦即作書者之人名也。雖傳自司馬子微，但不能確定爲子微手筆。陳振孫直齋書錄解題，謂此書與坐忘論相表裏，疑天隱即子微之別號，然無實據可證。胡璉跋語，因東坡詞有「坐忘遺照，八篇奇語」二句，遂疑爲子微所著。今攷司馬子微坐忘論，正是八篇，安知坡公非指坐忘論而言乎？故胡跋亦未足爲定論。

此書文簡義賅，切於實用。觀子微後序言：「誦天隱子三年，恍然有悟。又進習三年，而後淡於名利。再閱三年，天隱子出，方授以口訣。」知其得力於此書者深矣。

余十餘歲慕道時，即喜閱此書，常與坐忘論並置案頭。蕭齋夜讀，月映窗紗，園中桂樹，枝影顫動，奇芬沁鼻，彷彿有仙子來臨。屈指於玆，已瞬經三十五寒暑矣。回憶此情，猶如昨日。今翼化堂張君，就余商所以流通道書之方法，既勸其將善本秘籍，次第用木板刊行。惟以卷帙繁重，雖見賞於專家，恐不便於初學，故同時復取短篇道書，用活字版排印，以供一般之需要。出書務速，選擇須精，遂首先推舉天隱子及坐忘論二種，發單行本問世，並爲增補司馬承禎外傳一篇。又校訂其後序口訣，分作數段。全書加圈句讀，以便學者。此後若遇短篇佳構，仍將陸續印行，以公同好。

謹誌其緣起如此。

中華民國二十四年一月皖江陳攖寧識於上海寄廬

唐司馬承禎外傳　陳攖寧　述

司馬承禎，字子微，又字道隱，唐之溫州人[今浙江省永嘉縣]。事潘師正，得傳辟穀導引之

術。隱居天台山玉霄峯，自號白雲子。唐武則天累徵之不出。

睿宗雅尚道教，聞承禎名，復命其兄承褘敦促赴闕。既至，引入掖廷，以陰陽術數相

問。對曰：「老子經云：『爲道日損，損之又損，以至於無爲。』夫心目所知見，損之尚未

能，豈可攻乎異端而增智慮哉？」帝曰：「治身則爾，治國若何？」對曰：「國猶身也，故

游心於淡，合氣於漠，與物自然而無私，則天下自治。」帝嗟味曰：「廣成之言也。」欲加以

寵異，固辭，告歸山，乃錫寶琴霞帔以遣之，公卿多賦詩贈別。常侍徐彦伯，撮其美者三十

餘篇，爲製序，名曰白雲記。時盧藏用，早隱終南山，後登朝，居顯要，見子微將還天台，藏

用遙指終南謂之曰：「此中大有佳處，何必天台？」子微默不答。即而徐曰：「以僕所

觀，終南乃仕宦之捷徑耳。」藏用有慚色。

玄宗即位，亦深好道術。開元中，再被召至都，留於內殿，頗加敬禮，暇輒問延年度

世之方。承禎微露端倪，玄宗亦深秘之，故外人莫得知。詔於王屋山置壇室以居，令以三體字寫老子，並刊正文句。又命玉真公主及光禄卿韋縚至其居，按金籙，設祠厚賜焉。玄宗嘗言承禎乃陶弘景後身，呼之爲道兄而不名。時人謂玄宗壽命之長，係得承禎延年術所致云。

蜀女真謝自然，泛海詣蓬萊求師，途中見一人言：「天台司馬子微，名列丹臺，真良師也，何不求之？蓬萊弱水三千，飛仙可渡，舟楫難通。」自然遂返棹，逕赴天台，求子微受度，後白日上昇。

李太白亦嘗從子微遊，故其文集云：「予昔在江陵，見司馬子微，謂予有仙風道骨，可與神遊八極之表，乃著大鵬遇希有鳥賦以自廣。」蓋當時名流識子微者，固甚眾也。

子微博學能文，復善篆，自創一體，號曰「金剪刀書」。又著坐忘論八篇，修真秘旨十二篇，行於世。唐書隱逸傳謂卒年八十九，續仙傳謂年百餘歲尚輕健若三十許人。後坐化。謚「貞一先生」。

天隱子　唐　無名氏　撰

神仙一

人生時稟得靈氣，精明通悟，學無滯塞，則謂之神。宅神於內，遺照於外，自然異於俗人，則謂之神仙。故神仙亦人也，在於修我靈氣，勿爲世俗所淪污，遂我自然，勿爲邪見所凝滯，則成功矣。喜、怒、哀、懼、愛、惡、欲，七者情之邪也；風、寒、暑、濕、饑、飽、勞、佚，八者氣之邪也。去此邪則仙道近矣。

易簡二

『易曰『天地之道易簡』者，何也？」天隱子曰：「天地在我首之上，足之下，開目盡見，無假繁巧而言，故曰『易簡』。易簡者，神仙之謂也。經曰：「至道不繁，至人無爲。」

「然則以何道求之？」曰：「無求不能知，無道不能成。凡學神仙，先知易簡。苟言涉奇詭，適足使人執迷，無所歸本。此非吾學也。世人學仙，反爲仙所迷者，有矣；學氣反爲氣所病者，有矣。」

漸門三

易有漸卦，道有漸門。人之修真達性，不能頓悟，必須漸而進之，安而行之，故設漸門，觀我所入，則道可見矣。

漸門有五：一曰齋戒；二曰安處；三曰存想；四曰坐忘；五曰神解。何謂齋戒？曰澡身虛心。何謂安處？曰深居靜室。何謂存想？曰收心復性。何謂坐忘？曰遺形忘我。何謂神解？曰萬法通神。是故，習此五漸之門者，了一則漸次至二，了二則漸次至三，了三則漸次至四，了四則漸次至五，神仙成矣。

齋戒四

齋戒者，非蔬茹飲食而已；澡身者，非湯浴去垢而已。蓋其法在乎節食調中、摩擦暢外者也。夫人稟五行之氣，而食五行之物，實自胞胎有形，已呼吸精血，豈可去食而求長生？但世人不知，休糧服炁是道家之權宜，非永絕食粒之謂也。故食之有齋戒者，齋乃潔淨之務，戒乃節約之稱。

有饑即食，食勿令飽，此所謂調中也。百味未成熟勿食，五味太多勿食，腐敗閉炁之

物勿食，此皆宜戒也。手常摩擦皮膚溫熱，熨去冷氣，此所謂暢外也。久坐久立，久勞久役，皆宜戒也。此是調理形骸之法。形堅則氣全，是以齋戒爲漸門之首矣。

按　「戒乃節『約』之稱」一本作「節『慎』」，於義爲優。

安處五

何謂安處？曰：非華堂邃宇、重褥廣榻之謂也，在乎南向而坐，東首而寢，陰陽適中，明暗相半。屋無高，高則陽盛而明多；屋無卑，卑則陰盛而暗多。故明多則傷魄，暗多則傷魂。人之魂陽而魄陰，苟傷明暗，則疾病生焉。此所謂居處之室，尚使之然，況天地之氣，有亢陽之攻肌、淫陰之侵體，豈可不防慎哉？修養之漸，倘不法此，非安處之道。術曰：「吾所居室，四邊皆牕戶，遇風即闔，風息即開。吾所居座，前簾後屏，太明即下簾，以和其內映；太暗則捲簾，以通其外耀。內以安心，外以安目，心目皆安，則身安矣。」明暗尚然，況太多事慮，太多情欲，豈能安其內外哉？故學道以安處爲次。

存想六

存謂存我之神，想爲想我之身。閉目即見自己之目，收心即見自己之心，心與目皆不

離我身，不傷我神，則存想之漸也。凡人目終日視他人，故心亦逐外走；終日接他事，故目亦逐外瞻。營營浮光，未嘗復照，奈何不病且夭邪？是以歸根曰靜，靜曰復命。成性存存，眾妙之門。此存想之漸，學道之功半矣。

坐忘七

坐忘者，因存想而得，因存想而忘也。行道而不見其行，非坐之義乎？有見而不行其見，非忘之義乎？何謂不行？曰：心不動故。何謂不見？曰：形都泯故。

或問曰：「何由得心不動？」天隱子默而不答。

又問：「何由得形都泯？」天隱子瞑而不視。

或者悟道而退，曰：「道果在我矣。」

我果何人哉？天隱子果何人哉？於是彼我兩忘，了無所照。

神解八

齋戒謂之信解（言無信心則不能解），安處謂之閒解（言無閒心則不能解），存想謂之慧解（言無慧心則不能解），坐忘謂之定解（言無定心則不能解）。信、定、閒、慧，四門通神，謂之神解。故神之

爲義，不行而至，不疾而速，陰陽變通，天地長久。兼三才而言，謂之易〈繫辭〉云：「易窮則變，變則通，通則久。」；齊萬物而言，謂之道德老子道德經是也；本一性而言，謂之真如釋氏法華、楞伽、涅槃皆一性。入於真如，歸於無爲，故天隱子生乎易中，死乎易中，動因萬物，靜因萬物，邪由一性，真由一性，是以生、死、動、靜、邪、真，皆以神而解之。在人謂之人仙，在天曰天仙，在地曰地仙，在水曰水仙，能變之曰神仙。故神仙之道有五，其漸學之門則一焉謂五漸終同歸於仙矣。

後序口訣

承禎誦〈天隱子〉之書三年，恍然有所悟，乃依此五門，漸漸進習。又三年，覺身心之間，而名利之淡矣。又三年，天隱子出焉，授之以口訣，其要在〈存想篇〉「歸根」「復命」「成性」「眾妙」者是也。夫人之根本，由丹田而生，能復則長命，故曰「歸根復命」；夫人之靈識，本乎理性，性通則妙萬物而不窮，故曰「成性眾妙」。然而呼吸由氣而活，故我有吐納之訣；津液由水藏而生，故我有漱嚥之訣；思慮由心識而動，故我有存想之訣。

吐納引導

人身榮衛血脈，寤即行於外，寐即行於內，寤寐內外，相養和平，然後每日自夜半

一五

子時，至日中午時，先平臥，舒展四肢，次起身導引，喘息均定，乃先叩當門齒小鳴，後叩大齒大鳴，以兩手摩面及眼，身覺煖暢。

漱嚥津液

復端坐盤足，以舌攪華池，候津液生而漱之，默記其數。數及三百，而一嚥之。

凡嚥津候呼定而嚥，嚥畢而吸。如此則吸氣與津順下丹田也。但子後午前，食消心空之時按：「心空」之「心」字作「腹」字解。，頻頻漱嚥，無論遍數，意盡則止。

存想行氣

凡五日爲一候，當焚香於靜室中，存想自身，從首至足，又自足至丹田上脊脊，入於泥丸，想其氣如雲，直貫泥丸。想畢，復漱嚥，乃以兩手掩兩耳，搭其腦如鼓聲，三七下。伸兩足，端足俛首俛即「俯」字，極力直頸。兩手握固，又於兩脅下接腰骱骨傍「又於兩脅下」之「又」字，疑是「叉」字之誤，乃左右聳兩肩甲。閉息傾刻，候氣盈面赤即止。凡行七遍，氣從脊脊上徹泥丸。此修養之大綱也。按：以上各法，皆不完備，須參玫他書，方能實行。

真氣同運

然更有要妙，在乎與天地真氣冥契同運。能識氣來之時，又辨氣息之所，若是則

與天地齊其長久，謂之神仙矣。法起冬至夜子時，一陽氣始來，或遲或早，先須辨識氣來形候，纔覺氣來，則運自己之氣適與天地之氣偕作。次日復候此氣而消息之。此是神仙至妙至精之術，人罕達之。倘三百六十日內，運氣適合真氣三兩次，則自覺身體清和，異於常時矣。況久久習之，積累冥契，則神仙之道不難至矣。

民國二十四年（一九三五年）一月翼化堂善書局初版

坐忘論

唐司馬承禎　著　　陳攖寧　校訂

本書提要　陳攖寧

晁公武郡齋讀書志曰：「坐忘論一卷，唐司馬承禎子微撰，凡七篇。其後有文元公跋，謂子微所謂坐忘，即釋氏之言晏坐也。」

陳振孫直齋書錄解題曰：「坐忘論一卷，唐逸人河內司馬承禎子微撰，言坐忘安心之法，凡七條，並樞翼一篇，以爲修道階次。其論與釋氏相出入。」

攖寧按，作者之略歷，已見於余所纂述司馬承禎外傳，附載天隱子書中，故不重錄。子微本道門高士，而晁、陳二氏，皆謂坐忘論與佛家之說相同，乃膚淺之識也。此書劈頭一句即曰「人之所貴者生也」，即與佛家立於反對地位。其後又言「養生者慎勿失道，爲道者慎勿失生，使道與生相守，生與道相保，二者不相離，然後乃長久」，此數語已將全書宗旨標明，與佛家專講心性，賤視生命者，絕難融通。至於第八篇坐忘樞翼，所歷舉五時八候，種種徵驗，亦大異乎佛家之教義。篇末所謂「促齡穢質，色謝歸空」，即一般佛教徒共

同之結局，而為此書所深誡者也。諸篇辭句語氣，偶有類似佛經處，則因此書乃唐人所作，佛經出於唐人手筆者又最多，彼時文章風度，本是如此，又何足怪？或謂此書常言「戒」「定」「慧」字樣，似由佛經脫化而出。余曰不然。「戒」「定」「慧」三字，儒書中數見不鮮，並非佛家之專利品。易經繫辭曰：「聖人以此齋『戒』，以神明其德。」論語曰：『戒』之在色」「『戒』之在鬥」「『戒』之在得」。大學曰：「知止而後有『定』，『定』而後能靜。」論語曰：「人之有德『慧』術知者，恒存乎疢疾。」論語曰：「好行小『慧』，難矣哉！」觀此可知，坐忘論所言「戒」「定」「慧」名詞，不是脫化於佛經，仍發源於中國古說耳。

中華民國二十四年二月即黃帝紀元四千六百三十二年皖江陳攖寧識

坐忘論　唐司馬承禎　著

攖寧按

夫人之所貴者，生；生之所貴者，道。人之有道，若魚之有水。涸轍之魚，猶希斗水；弱喪之俗，無情造道。惡生死之苦，樂生死之業；重德之名，輕道德之行。審惟倒置，何甚如之？窮而思通，迷而思復，寸陰如璧，愧歎交深，是以恭尋經旨與心法相應者，略成七條，以為修道階次，樞翼附焉。

攖寧按

雲笈七籤所載坐忘論，篇首一段文章，較此大不同，今附錄於左，以備

參攷。

「夫人之所貴者，生也；生之所貴者，道也。人之有道，如魚之有水。涸轍之魚，猶希升水；弱喪之俗，無心造道。惡生死之苦，愛生死之業；重道德之名，輕道德之行；喜色味爲得志，鄙恬素爲窮辱，竭難得之貨，市來生之福，縱易染之情，喪今生之道。自云智巧，如夢如迷，生來死去，循環萬劫。審惟倒置，何甚如之？

故《妙真經》云：『人常失道，非道失人；人常去生，非生去人。故養生者，慎勿失道；爲道者，慎勿失生。使道與生相守，生與道相保，二者不相離，然後乃長久。言長久者，得道之質也。』經云：『生者，天之大德也，地之大樂也，人之大福也。道人致之，非命祿也。』又《西昇經》云：『我命在我，不屬於天。』由此言之，修短在已，得非天與，失非人奪。捫心苦晚，時不少留，所恨朝菌之年，已過知命，歸道之要，猶未精通，爲惜寸陰，速如景燭，勉尋經旨，事簡理直，其事易行，與心病相應者，約著安心坐忘之法，略成七條修道階次，兼其樞翼，以編叙之。」

敬信第一

夫信者道之根，敬者德之蒂，根深則道可長，蒂固則德可茂。然則璧耀連城之彩，下

和致刑；言開保國之效，伍子從誅。斯乃形器著而心緒迷，理事萌而情思忽。況至道超於色味，真性隔於可欲，而能聞希微以懸信、聽罔象而不惑者哉！如人有聞坐忘之言，信是修道之要，敬仰尊重，決定無疑，加之勤行，得道必矣。故莊周云：「墮支體，黜聰明，離形去智，同於大通，是謂坐忘。」夫坐忘者，何所不忘哉！內不覺其一身，外不知乎宇宙，與道冥一，萬慮皆遺。故莊子云：「同於大通。」此則言淺而義深。惑者聞而不信，懷寶求寶，其如之何？經云：「信不足焉有不信。」謂信道之心不足者，乃有不信之禍及之，何道之可望乎？

斷緣第二

斷緣者，謂斷有爲俗事之緣也。棄事則形不勞，無爲則心自安，恬簡日就，塵累日薄，跡彌遠俗，心彌近道，至聖至神，孰不由此乎？經云：「塞其兌，閉其門，終身不勤。」或顯德露能，求人保己；或遺問慶弔，以事往還，或假修隱逸，情希升進，或酒食邀致，以望後恩。斯乃巧蘊機心，以干時利，既非順道，深妨正業。凡此類例，皆應絕之。經云：「開其兌，濟其事，終身不救。」我但不倡，彼自不和，彼雖有唱，我不和之，舊緣漸斷，新緣莫結，醴交勢合，自致日疏，無事安閒，方可修道。莊子云：「不將不迎，爲無交俗之

二一

情故也。」又云：「無爲名尸，無爲謀府，無爲事任，無爲知主。」若事有不可廢者，不得已

而行之，勿遂生愛，繫心爲業。按：「無爲名尸」四字，原本無，今據雲笈七籤補入。

收心第三

夫心者，一身之主，百神之帥，靜則生慧，動則成昏。欣迷幻境之中，唯言實是；甘宴有爲之內，誰悟虛非。心識顛癡，良由所託之地。且卜鄰而居，猶從改操，擇交而友，尚能致益。況身離生死之境，心居至道之中，能不捨彼而得此乎？所以學道之初，要須安坐，收心離境，住無所有，不著一物，自入虛無，心乃合道。經云：「至道之中，寂無所有，神用無方。」心體亦然。原其心體，以道爲本，但爲心神被染，蒙蔽漸深，流浪日久，遂與道隔。若能淨除心垢，開識神本，名曰修道。無復流浪，與道冥合，安在道中，名曰歸根。守根不離，名曰靜定。靜定日久，病消命復，復而又續，自得知常。知則無所不明，常則無所變滅，出離生死，實由於此。是故法道安心，貴無所著。經云：「夫物芸芸，各歸其根，歸根曰靜，靜曰復命。復命曰常，知常曰明。」

若執心住空，還是有所，非謂無所。凡住有所，則令心勞，既不合理，又反成病。但心不著物，又得不動，此是真定正基。用此爲定，心氣調和，久益輕爽。以此爲驗，則邪正可

知矣。若心起皆滅，不簡是非，則永斷覺知，入於盲定；若任心所起，一無收制，則與凡夫元來不別。若唯斷善惡，心無指歸，肆意浮游，待自定者，徒自誤耳。若遍行諸事，言心無所染者，於言甚善，於行極非。真學之流，特宜誡此。

今則息亂而不來滅照，守靜而不著空，行之有常，自得真見。如遇時事或法要，若有疑者，且任思量，令事得濟，所疑復悟，既悟則止，切莫多思，多思則以智害恬，為子傷本。雖聘一時之俊，終虧萬代之業。若煩邪亂想，隨覺則除。有所聞見，如不聞見，則是非美惡，不入於心。心不受外，名曰虛心；心不逐外，名曰安心。心安而虛，道自來居。經云：「人能虛心無為，非欲於道，道自歸之。」內心即無所著，外行亦無所為。非淨非穢，故毀譽無從生；非智非愚，故利害無由撓。實則順中為常，權則於時消息。苟免諸累，是其智也。

若非時非事，役思強為者，自云不著，終學真學。何耶？心法如眼也。纖毫入眼，眼則不安；小事關心，心必動亂。既有動病，難入定門。是故修道之要，急在除病。病若不除，終不得定。有如良田，荊棘未誅，雖下種子，嘉苗不茂。愛見思慮，是心荊棘，若不除翦，定慧不生。或身居富貴，或學備經史，言則慈儉，行則貪殘，辯足以飾非，勢足以威物，得則名己，遇則尤人，此病最深，雖學無益，所以然者，為自是故。

然此心由來依境，未慣獨立，乍無所託，難以自安。縱得暫安，還復散亂。隨起隨制，務令不動，久久調熟，自得安閒。無問晝夜，行立坐臥及應事之時，常須作意安之。若心得定，但須安養，莫有惱觸，少得定分，即堪自樂。漸漸馴狎，惟益清遠，平生所愛，已嫌敝陋，況因定生慧，深達真假乎？且牛馬，家畜也，放縱不收，猶自生梗，不受駕馭；鷹鸇，野鳥也，被人繫絆，終日在手，自然調熟。況心之放逸，縱任不收，唯益驫疏，何能觀妙？

故經云：「雖有拱璧以先駟馬，不如坐進此道。」

夫法之妙用也，在其能行，不在能言。行之則斯言爲當，不行則斯言爲妄。又時人所學，貴難而賤易。若深談法理，廣說虛無，思慮所莫能達，行用所莫能階者，則歎不可思議，而下風盡禮。如其信言不美，指事直陳，聞則心解，言則可行者，乃人翻以爲淺近，而輕忽不信。故經云：「吾言甚易知，甚易行，天下莫能知，莫能行。夫惟無知，是以不我知。」或又言：火不熱，燈不照闇，稱爲妙義。夫火以熱爲用，燈以照爲功。今則盛言火不熱，未嘗一時廢火；空言燈不照闇，仍須終夜燃燈。言行相違，理實無取，此只破相之言，而人反以爲深玄之妙，雖則惠子之宏辯，莊生以爲不堪，膚受之流，誰能科簡？至學之士，庶不留心。

或曰：「夫爲大道者，在物而心不染，處動而神不亂，無事而不爲，無時而不寂，今獨

避事而取安，離動則求定。勞於控制，乃有動靜二心；滯於住守，是成取捨兩病。都未

覺其所執，而謂道之要階，何其謬耶？」答曰：「總物而稱大，通物之謂道。在物而不染，

處事而不亂，真爲大矣，實爲妙矣。然吾子之鑑，亦有所未明，何則？徒見貝錦之輝煥，

未曉始抽之素絲；纔聞鳴鶴之衝天，詎識先資於觳食。蔽日之幹，起於毫末；神凝之

聖，積習而成。今徒學語其聖德，而不知聖之所以德，可謂見卵而求時夜，見彈而求鴞炙，

何其造次哉！故經云：『玄德深矣遠矣，與物反矣，然後乃至大順。』」按：此篇據雲笈七籤

及別種本校正五十餘字。

簡事第四

夫人之生也，必營於事物。事物稱萬，不獨委於一人。巢林一枝，鳥見遺於叢薄；

飲河滿腹，獸不恡於洪波。外求諸物，內明諸己。知生之有分，不務分之所無；識事之

有當，不任事之非當。任非當則傷於智力，務過分則敝於形神。身且不安，何能及道？

是以修道之人，莫若斷簡事物，知其閒要，較量輕重，識其去取，非要非重，皆應絕之。猶

人食有酒肉，衣有羅綺，身有名位，財有金玉，此並情欲之餘好，非益生之良藥。眾皆徇

之，自致亡敗。靜而思之，何迷之甚！故莊子云：「達生之情者，不務生之所無以爲。」

生之所無以爲者，分外物也。蔬食敝衣，足養性命，豈待酒肉羅綺，然後生全哉！是故於生無所要用者，並須去之；於生之用有餘者，亦須捨之。財有害氣，積則傷人，雖少猶累，而況多乎？夫以名位比道德，則名位假而賤，道德真而貴。能知貴賤，應須去取，不以名害身，不以位易志。故莊子云：「行名失己，非士也。」西昇經云：「抱元守一，過度神仙。子未能守，但坐榮官。」若不簡擇，觸事皆爲，心勞神昏，修道事闕。若處事安閒，在物無累者，自屬證成之人。若實未成，而言無累者，誠自誑耳。 按：此篇校正數字。

真觀第五

夫真觀者，智士之先鑒，能人之善察，究儻來之禍福，詳動靜之吉凶，得見機前，因之造適，深祈衛定，功務全生，自始至末，行無遺累。理不違此者，謂之真觀。然一餐一寢，俱爲損益之源；一行一言，堪成禍福之本。雖則巧持其末，不如拙誠其本。觀本知末，又非躁競之情。是故收心簡事，日損有爲，體靜心閒，方可觀妙。故經云：「常無欲以觀其妙。」

然修道之身，必資衣食。事有不可廢，物有不可棄者，常須虛襟而受之，明目而當之，

勿以爲妨。心生煩躁，若因事煩躁者，心病已動，何名安心？夫人事衣食者，我之船舫也。欲渡於海，事資船舫，渡海若訖，理自不留，因何未渡先欲廢捨？衣食虛幻，實不足營。爲欲出離虛幻，故求衣食。雖有營謀之事，莫生得失之心。即有事無事，心常安泰。與物同求，而不貪；與物同得，而不積。不貪故無憂，不積故無失。跡每同人，心常異俗。此實行之宗要，要力圖之。

前雖斷簡，病有難除者，但依法觀之。若色病重者，當觀染色都由想爾，想若不生，終無色事。當知色想外空，色心內妄，妄想心空，誰爲色主。經云：「色者想爾，想悉是空，何有色也？」又思妖妍美色，甚於狐魅。狐魅媚人，令人厭患，爲厭患故，永離邪婬；妖艷惑人，令人愛著，乃致身死，留戀瀰深。又觀色若定是美，何故魚見深入，鳥見高飛，仙人觀之爲穢濁，賢人喻之爲刀斧。一生之命，七日不食，便至於死。百年無色，翻免夭傷。故知色者，非身心之切要，乃性命之讎賊，何須繫著，自取消毀？

若苦貧者，亦審觀之。誰與我貧？天地平等，覆載無私，我今貧苦，非天地也；父母生子，欲令富貴，我今貧賤，非父母也。人及鬼神，自救無暇，何能有力，將貧與我？進退尋察，無所從來，乃知我業也，乃知天命也。業由我造，命由天賦，業之與命，猶影響之逐形聲，既不可逃，又不可怨。唯有智者，善而達之，樂天知命故不憂，何貧之可苦也？

故莊子云「業入而不可舍」為自業，故貧病來入不可舍止。經云：「天地不能改其操，陰陽不能回其業。」由此言之，故真命耳，非假物也，有何怨焉？又如勇士逢賊，無所畏懼，揮劍當前，羣寇皆潰，功勳一立，榮祿終身。今有貧病，惱亂我身，則寇賊也；我有正心，則勇士也；用智觀察，則揮劍也；惱累消除，則戰勝也；湛然常樂，則榮祿也。凡有苦事，來迫我心，不以此觀，而生憂慮，則如人逢賊，不立功勳，棄甲背軍，逃亡獲罪，去樂就苦，何可憫焉！

若苦病者，當觀此病，由我有身。若無我身，患無所託。經云：「及吾無身，吾有何患？」次觀於心，亦無真宰，內外求覓，無能受者。所有計念，從妄生心。萬病俱泯。若惡死者，應思我身是神之舍。身今老病，氣力衰微，如屋朽壞，不堪居止，自須捨離，別處求安。身死神逝，亦復如是。若戀生惡死，拒違變化，則神識錯亂，失其正業。以此託生，受氣之際，不感清秀，多逢濁辱。蓋下愚貪鄙，實此之由。是故當生不悅、順死不惡者，一為生死理齊，二為身後成業。若貪愛萬境，一愛一病。一肢有病，猶令舉體不安，況一心萬病，身欲長生，豈可得乎？凡有愛惡，皆是妄生。積妄不除，何以見道？是故須捨諸欲，住無所有，除情正信，然後返觀舊所愛處，自生厭薄。若以合境之心觀境，終身不覺有惡。如將離境之心觀境，方能了見是非。譬如醒人，能觀醉者為惡，如

其自醉，不覺其非。經云：「吾本棄俗，厭離世間。」又云：「耳目聲色，爲子留衍，鼻口所喜，香味是怨。」老君厭世棄俗，獨見香味是怨，嗜慾之流，焉知鮑肆爲臭哉！^{按：}此篇校正十九字。

泰定第六

夫定者，出俗之極地，致道之初基，習靜之成功，持安之畢事。形如槁木，心若死灰，無感無求，寂泊之至，無心於定，而無所不定，故曰泰定。莊子云：「宇泰定者，發乎天光。」宇則心也，天光則慧也。心爲道之器宇，虛靜至極，則道居而慧生。慧出本性，非適今有，故曰天光。但以貪愛濁亂，遂至昏迷。澡雪爾心，復歸純靜，本真神識，稍稍自明，非謂今時別生他慧。慧既生已，寶而懷之，勿以多知而傷於定。非生慧難，慧而不用難。天下希及之，故爲難。貴能不驕，富能不奢，爲無俗過，故得長守富貴；定而不動，慧而不用，爲無道過，故得深證真常。莊子云：「知道易，而弗言難。知而不言，所以之天；知而言之，所以之人。古之人，天而不人。」慧能知道，非得道也。

人知得慧之利，未知得道之益。因慧以明至理，縱辯以感物情，興心徇事，觸類而

長，自云動處而常寂，焉知寂者寂以待物乎？此行此語，俱非泰定也。智雖出眾，彌不近道，本期逐鹿，獲兔而歸。所得太微，良由局小。莊子云：「古之治道者，以恬養智。智生而無以智為也，謂之以智養恬。智與恬交相養，而和理出其性。」恬智則定慧，和理則道德也。有智不用，而安其恬，積而久之，自成道德。然論此定因，為何得成。或因觀利而見害，懼禍而息心；或因捐捨滌除積習，心熟同歸於定，咸若自然。疾雷破山而不驚，白刃交前而不懼，視名利如過隙，知生死如潰癰，故知用志不分，乃凝於神。心之虛妙，不可思也。

夫心之為物也，即體非有，隨用非無，不馳而速，不召而至，怒則玄石飲羽，怨則朱夏隕霜，縱惡則九幽匪遙，積善則三清何遠。忽來忽往，動寂不能名；時可時否，蓍龜莫能測。其為調御之難，豈鹿馬所能比？故太上老君，運常善以度人，升靈臺而演妙，略三乘之因果，廣萬有之自然，漸之以日損有為，頓之以證歸無學，喻則張弓鑿矢，法則挫銳解紛。修之有常，習以成性，黜聰墮體，嗒然坐忘，不動於寂，幾微入照。履殊方者，了義無日；遊斯道者，觀妙可期。力少功多，要矣妙矣。　按：此篇校正八字。

得道第七

夫道者，神異之極致也，靈而有性，虛而無象，隨迎不測，影響莫求，不知所以然而然。通生無匱謂之道，至道得之於古，妙法傳之於今，循名究理，全然有實。上士純信，克己勤行，虛心谷神，唯道來集。道有深力，徐易形神。形隨道通，與神合一，謂之神人。神性虛融，體無變滅，形與之同，故無生死。隱則形同於神，顯則神同於形，所以蹈水火而無害，對日月而無影，存亡在己，出入無門。身爲滓質，猶至虛妙，況其靈智益深益遠乎？

《生身經》云：「身神並一，則爲真身。」又《西昇經》云：「形神合同，故能長久。」然虛無之道，力有深淺，深則兼被於形，淺則唯及於心。被形者，神人也；及心者，但得慧覺，而身不免謝。何耶？慧是心用，用多則心勞。初得少慧，悦而多辯，神氣漏洩，無靈潤身，遂致早終，道故難備。經云「尸解」，此之謂也。

是故大人含光藏輝，以期全備。凝神寶氣，學道無心，神與道合，謂之得道。經云：「同於道者，道亦得之。」又云：「古之所以貴此道者，何不曰求以得，有罪以免耶？」山有玉，草木以之不彫。人懷道，形骸以之永固。資薰日久，變質同神。鍊神入微，與道冥一。散一身爲萬法，混萬法爲一身。智照無邊，形超靡極。總色空而爲用，合造化以成

功。真應無方，其惟道德。西昇經云：「與天同心而無知，與道同身而無體，然後天道盛

矣。」謂證得其極者也。又云：「神不出身，與道同久。」且身與道同，則無時而不存；心

與道同，則無法而不通；耳與道同，則無聲而不聞；眼與道同，則無色而不見。六根洞

達，良由於此。近代常流，識不及遠，唯聞捨形之道，未達即身之妙，無慚己短，有效人非，

其猶夏蟲不信冰霜，醯雞斷無天地，其愚不可及，何可誨焉！校正七字。

坐忘樞翼第八

夫欲修道成真，先去邪僻之行。外事都絕，無以干心，然後端坐，內觀正覺。覺一念

起，即須除滅。隨起隨制，務令安靜。其次雖非的有貪著，浮游亂想，亦盡滅除。晝夜勤

行，須臾不替，唯滅動心，不滅照心，但冥虛心，不冥有心，不依一物，而心常住。此法玄

妙，利益甚深，自非夙有道緣，信心無二者，莫能信重。雖知誦讀其文，仍須辨識真偽。所

以者何？聲色昏心，邪佞惑耳，人我成性，自是病深。心與道隔，理難曉悟。若有心歸至

道，深生信慕，先受三戒。依戒修行，在終如始，乃得真道。

其三戒者，一曰簡緣，二曰無欲，三曰靜心。勤行此三戒而無懈退者，則無心求道，而

道自來。經云：「人能虛心無爲，非欲於道，道自歸之。」由此言之，簡要之法，實可信

哉！實可貴哉！然凡心躁進，其來固久，依戒息心，其事甚難。或息之而不得，暫得而

還失，去留交戰，百體流汗，久久乃能調熟，莫以暫收不得，遂廢平生之業。

少得靜已，則行立坐臥之時，涉事喧鬧之處，皆須作意安之。有事無事，常若無心，處

靜處喧，其志唯一。若束心太急，急則成病。氣發狂癡，是其候也。心若不動，又須放任，

寬急得中，常自調適，制而無著，放而不逸，處喧無惡，涉事無惱者，此真定也。

不以涉事無惱，故求多事；不以處喧無動，故來就喧。以無事為真定，以有事為應

跡，若水鏡之為鑑，則遇物而見形。善巧方便，唯能入定。發慧遲速，則不由人。勿於定

中，急急求慧，求慧則傷定，傷定則無慧。定不求慧，而慧自生，此真慧也。

慧而不用，實智若愚，益資定慧，雙美無極。若定中念想，則有多感，眾邪百魅，隨心

應現，真人老君，神異詭怪，是其詳也。唯定心之上，豁然無覆，定心之下，曠然無基，舊業

永消，新業不造，無所纏礙，迥脫塵網，行而久之，自然得道。

夫得道之人，心有五時，身有七候。

心有五時者，一，動多靜少；二，動靜相半；三，靜多動少；四，無事則靜，事觸還

動；五，心與道合，觸而不動。心至此地，始得安樂，罪垢滅盡，無復煩惱。

身有七候者，一，舉動順時，容色和悅；二，夙疾普消，身心輕爽；三，填補夭傷，還

元復命；　四，延數千歲，名曰仙人；　五，鍊形爲氣，名曰真人；　六，鍊氣成神，名曰神

人；　七，鍊神合道，名曰至人。

　其於鑑力，隨候益明。得至道成，慧乃圓備。雖久學定，心身無五時七候者，促齡穢

質，色謝歸空，自云慧覺，復稱成道，求諸通理，實所未然，可謂謬矣。　按：　此篇雲笈七籤中未採

入，別本有之。

民國二十四年（一九三五年）二月翼化堂善書局初版

五息直指

白雲齋　著

汪怡寬　增輯

常遵先　加註

增輯五息直指闡微原序

古來攝生者，必推本於易。孔子稱：「生生之謂易。」易之發端，日月循環，自強不息。子思曰：「不息則久。」孟子曰：「日夜之所息。」然則息也者，天人交接之路，調之得其生，戕之因而死，此人之存亡一大關頭也。王叔和難經曰：「人之於息，一呼一吸為一息，晝夜共一萬三千五百息。」日在於天，一息之間，行五十三萬餘里。天之至大至高，未可窮盡。天之下，地之上，兩間空虛，謂之太虛，內具先天一炁，運轉無已。老子曰：「天地之形如橐籥，靜而闔，動而闢。」人亦似之，天人一耳。人苟窮未生前，七情未有，五蘊本空，只一圓明覺照，便省夫息之所起所歸處。既知息之所在，則神炁混一，為先天一炁。苟不知靜而愈入，動而愈出之機，則身中祖炁，必為天之所盜，盜盡形即死矣。知之，則動而採，靜而養，天之氣亦為人所盜，久而充滿，則形神俱妙，歷劫長存矣。是故能盜天炁者，自得長且久也。人知自心為息，於精炁神三者，可會為先天一炁耳。歷代真仙，都

以神炁相注，息念俱停爲法。無如「息」之一字，人總不知，所知者鼻息耳。即鼻息能知其

注，亦能養育形骸，久之真息亦能内現。真非鼻之呼吸，乃莊子南華云：「真人之息以

踵。」踵者，息息歸臍，下通炁海，上透靈都，即生身之處，得藥成胎之所也。人不本此，泥

形著相，日隨邪師僞說，非但枉費心思，誤己誤人，而竟不知，豈不哀哉？

余幼愚鈍，如周利盤迦，憶持一句「迦陀」，竟得前遺後，尚云他乎？故先司馬，只以

淺近教余數息，庶可清雜念，爲默識助耳。余遵行殊驗，緣未了至理，不遑請益。後讀天

台止觀法，又以調息爲津梁。每一調息，塵勞頓却，心更喜之。奈易因循，不免暴棄。幸

得冶城白雲齋鍊師來訪，勸余力學，遂振其志，漸有所進。

鍊師字明之，別號在虛子，好修養，然不畏奔走之苦，訪道於齊魯楚豫五春秋，遇仙於

陶山秦嶺之間，蒙指秘旨，歸證龍泉雲穴，掩關於華陽洞天，行所授秘法，整三載，覺充和

粹益，飄然似鷲鶴之舉。後遺所著，三教百家，淵源條貫，茹古含今，無不本此真法。先驗

於己，而後闡發玄解，期於簡明易行而已。援古證今，法必歸正，不爲奇語欺世駭人，竟致

塵尾，霏霏欲脫，懷慈普濟苦心人也。爲余誠訪道要，不忍自秘，以自著五息直指授之。

余感鍊師慈惠，又得原息、踵息、胎息、混元息、退而次第力行之，竟恍得無極渾然、太極動

靜之妙於目前，何曾須臾離天人交接處也！懇師將此公諸同志，使學者得有專一，不爲

旁門所惑，同歸大道之域。覺世之功，師豈淺哉！

前下元丙戌長沙飛清居士顧纘紹原序

光緒五年再上元斗母誕日鉢陽靈玄子汪紹輔增輯原序

按 此序論五息法，覺近於理，惟措詞則儒、釋、道三家雜出，於文氣上稍有隔核，似未純也。下書「丙戌長沙顧纘紹原序」，又書「光緒五年鉢陽汪紹輔增輯原序」，閱之令人生疑。若說此序為顧撰，則汪之「增輯」下又有「原序」二字；若說汪撰，而原文下又明明有顧之「原序」二字。攷編輯法，從來無此例。古人只有書文增輯，未見有原序可增輯者，後之讀者，亦必有此疑問焉。

增輯五息直指闡微加註序

古今中外人物之所以囿於天地造化者，陰陽之炁所鼓盪也。在天地為閭闔，在人物為呼吸。一呼一吸，是名一息。此乾坤中之一大道耳。吾人研究此道，無門戶之見，無宗教之分，凡有關係於此道之書，必搜羅而攷證之，以闡揚我黃帝以道教人之本旨。此書為石君得自友人寶藏，特贈翼化堂主人，願宏斯道。張君竹銘本揚善之旨，欣諾成之，因倩遵為之加註。余檢閱，乃諸子書中之胎息法，辭義淺顯，可為初學道者入門之行徑，故樂

為加註以正之，以全善念，以立道基，洩本文之隱微，立初步之階級。雖一息之末，亦足闡天地陰陽之妙竅焉。是為序。

中華民國二十四年二月歲次乙亥湘陰常遵先叙於海上弘道軒

增輯五息直指闡微 加註

冶城在虛子白雲齋　原著

鉢陽靈玄子汪怡寬紹輔　增輯

湘陰瀟湘漁父常遵先　加註

打坐

入室打坐，先用厚褥，褥下安木饅首，抵穀道。雙單搭膝均可，左手安右掌上，放臍下。正身端坐，直起腰脊，耳與肩對，鼻與臍對，唇包舌藏，垂簾正視。心之元神，率意之真念，隨二目光注入鼻端，之臍下，至炁穴，任自然。如昏怠，行數息。

修養之道，本屬衛生術，原出黃帝內經。如陰陽應象論云：「聖人為無為之事，樂恬澹之能，從欲快志於虛無之守，故壽命無窮，與天地終。此聖人之治身也。」夫所

謂無爲恬澹及虛無之守者，即靜坐之法也。故修養家，必擇空氣和平之處，精潔清淨之室，靜坐其間也。

按：安木饅首抵穀道一法，似可不必。攷黃帝内經，穀道通於大腸，乃外氣出入之門。若内炁起於神室，行於兩蹻及任督等脈，與穀道不通，故元炁之行，絕不至從穀道出也。垂簾正視者，即垂下眼簾，内視心神，率意中真念，隨兩目注於鼻端，漸至臍下炁穴，任炁息之自然，心神俱靜，無聞無見。如入昏迷怠忽之境，即行數息法，以振作精神。此乃入手從呼吸外氣之法也。

凡息

鼻息有四，曰風、喘、氣、息。息有聲曰「風」，息頻促曰「喘」，息往來不細曰「氣」，息緜緜不斷曰「息」。風則散，喘則戾，氣則勞，息則定，四者惟定，漸近於調，養育身形，是爲凡息。

素問篇歧伯對黃帝曰：「人一呼一吸爲息，呼吸定息，閏以太息，命曰平人。」是一呼一吸爲一息也。今曰鼻息者，承上文靜坐時，脣包舌藏，故只有鼻中氣息也。分爲風、喘、氣、息四說，亦與内經生氣論相同。又於四說中單取「定近於調」，頗得道家調養外氣之旨也。

觀息

息之用觀者何？爲人心易生念，想入非非，此想未了，彼念又來，心神勞瘁，日漸氣耗形衰，身死神離，復入輪迴，可不哀哉！修真者志在脫此，先當止念。念何以止？非觀不能。古云：「大道教人先止念，念頭不住亦徒然。」是即生死關頭也。法以觀隨念至，念在於息，觀在於息，念隨息之出入，觀隨息之出入，念念依息，息息必觀，觀定不移，念頭即住，久則風、喘、氣三者俱無，自得神炁合一歸根矣。此爲初學鍊念之法。念既鍊，然後五息可行。五息之法，基於此矣。

致《說文》，解「觀」爲「諦視」也。既是用目諦視，必是有形之物。若鼻息，乃無形可觀，今而曰觀者，承上文閉目靜坐後而言也。蓋人之神系於兩目，神不注，目視也不見。因目隨神，神隨心，心隨意，意隨念也。此法以念隨息之出入，則心神意目皆隨之矣。久之，則息念俱隨內觀而定，自然合一歸根。天台觀止之法，其或即此乎？

第一法　數息

數息乃入手工夫耳。人爲物誘已久，心離境未能，即強制，復散亂。用心念專注於息

道學小叢書

四〇

之法，拴住心念不亂去，由息粗數起，至息細而止。從一息數至百千萬息不亂，則息自細。於中忽起別念，即重數，得百千萬息不起一念，纔得此心離境。漸漸純熟，再行調息工夫。

第數息，原不及金母觀心、老子觀竅、呂祖行玉清凝神入炁穴諸秘旨之捷徑也，然數息實宜於初學。

數息雖拙法，最容易，最無病，非如高峯強行閉息，致人生病。

致數息法，出於抱朴子釋滯篇者最詳。其法云：「初學行炁，鼻中引氣而閉之，陰以心數至百二十，乃以口微吐之。及引之，皆不欲令己耳聞其有出入之聲，常令入多出少，漸自轉增其心數，久可以致千。至千則老者更少，日還一日矣。」頗與此法相同，特錄之以為讀者備參攷云。

第二法　調息

調與數不同，數用意數，調無意調，只一念注在息頭。息頭即鼻頭。古云：「得來只在鼻尖頭」此即觀止入門第一法，為止念却魔之要旨。久則息自調。調到功深，漸近踵息。但人於調息，要常綿密，似存似亡，如是心定意靜，神炁歸根，機竅漸露。恍惚之中，不識不知，身心靜寂，只覺息念相依，神炁相合，達於口鼻者少，動於丹田者多，近於踵息。即行踵息，入真道矣。

胎息銘云：「三十六嚥，一嚥必先。吐唯細細，納唯綿綿。坐臥亦爾，行立坦然。戒於喧雜，忌以腥羶。假名胎息，實曰內丹。非只治病，決定延年。久久行之，名列上仙。」明朝王文祿疏云：「此胎息銘也。調氣嚥津，以補中宮元氣。每時三嚥。子時嚥之，尤養生也。」若合此法并參，或有得矣。

第三法　踵息

常人息以喉，真人息以踵。踵者，深至炁穴。炁穴即呼吸處，又曰四會田，黃庭經云「後有密户前生門，出日入月呼吸存」即此。但常人非不踵，爲神不內存，縱其馳外，不覺以爲喉耳。真人念常依息，神入炁穴，惟常綿密，存而無間，故得專氣致柔，抱一無離，虛極靜篤，方觀其復。踵者履踐虛竅，呼吸在此規中。學者於目中，神光一意注在息之深處，爲入炁穴竅內竅，心自虛靜，炁自充滿。觀心愈靜，凝神愈圓，真息愈定，元炁愈足。此皆由凝神炁穴之效。在踵息之始，炁裏神凝，注於呼吸處，下至炁穴，呼降吸升，謂之運轉周天也。

按：踵息出莊子南華經大宗師章云：「真人之息以踵，眾人之息以喉。」玉篇云：「踵，足後也。」故莊子詮詁書中，胡淵如君曾引陳攖寧子之言曰：「息指內呼

吸言。蹻指奇經八脈中陰蹻脈而言。因此脈下起足跟，上行咽喉，本足少陰經別支，可通湧泉穴。眾人此脈常閉，真人以先天陽炁冲破此關，故能一呼上通天谷，一吸下達湧泉，晝夜循環罔間也。」書云：「摩頂放踵。」言上自腦頂，下至足跟也。玅仙家修養法，最重真炁上通泥丸，下達湧泉，攖寧子之言，深合要旨，且得「踵」字真義，似較確當，特錄之以正原解之誤。

第四法　胎息

蹻息行久，意愈純，息愈微，神愈凝，炁愈養。息無呼吸，只有微息臍下往來，前降後升，如嬰孩在胞中。息歸臍，名胎息。神氣大定，自然而然，非比高峯強閉留注，在能一念内凝，神息相依。世人終日紛擾，神炁病困，全仗夜間一睡，始足日用。不然，本來清炁，爲濁所掩，況貪口腹，屢害生靈，不顧後世冤報償還。且食葷酒，易動淫念，醉後入房，心愛色慾，精洩炁耗，神傷壽促，日近於死，昏不自知。

抱朴子云：「行炁可以延年，其大要胎息而已」。得胎息者，能以鼻口噓吸，如在胞胎之中，則道成矣。」豈此法亦脫胎於抱朴子者哉！

蒲團子按　「能以鼻口噓吸」抱朴子原書爲「能不以鼻口噓吸」。此處或係刻誤。

至若真人，有息無睡。鍊此神炁，意一無紛，耳雖聞如未聞，目雖見如未見，正身端坐，意只凝神注呼吸處，息念相依，神炁相合，交於內竅，如雞抱卵，刻不離窩。又似火種，常在爐中，真炁日足，元神日旺，雌雄蟠虬，兩不相離，得與虛空同體，自與虛空同壽。定息七七，元陽氣生。定息百日，小藥工圓。定息七月，大藥已成。定息十月，便成胎仙。三年乳哺，九載面壁，出神入定，不離溫養，性具六通，身露雲霞，目似電光，入水不溺，入火不焚，隱顯莫測，陸地神仙，廣立功德，以感諸天，可期超舉，待作天仙。蒲團子

按 「定息七月，大藥已成」「月」原刻本作「日」。據前後文，當爲「月」，故改之。

胎息經云：「胎自伏氣中結。」幻真先生註云：「修道者常伏其炁於臍下，守其神於身內，神炁相合，而生玄胎。玄胎既結，乃自生身，即爲內丹不死之道也。」明朝

王文禄疏云：「伏炁結胎，胎結乃息。」此原始以示人，欲專氣致柔如嬰兒也，讀之足以證此段詞義之原理，須合攖寧子黃庭經講義參究。

第五法　混元息

前云胎息定息工夫，定息既久，六脈俱停，口鼻毫無氣出，惟有虛通天竅，太虛混一，

冲盈兩間，只覺圓光包羅天地，久則不知物我色空，言思都絕，語默俱忘，神藏於炁，炁包乎神，一意冲和，包裹渾沌，如火種相續，丹鼎常溫。鍊能一刻，一刻周天。鍊能一時，一時周天。鍊成百日，積成大藥。鍊成十月，即成胎仙。鍊成三年，陽神出入。一定九載，超舉天仙。功德圓滿，待詔上昇。

《抱朴子》云：「凡服元氣，不隨麤氣出入。」因粗氣在腹，與元氣不同居也。顧保元氣可以祛病，服元氣可以延年，若凝神固精，與元氣混化，則神藏氣穴，久之自與乾坤陰陽之氣相貫通，而周天進退火候之功，鍊氣化神之妙，皆從此混元一炁以神其妙用，功成必可飛昇矣。

此皆息之成始成終。天地相交，不離這息；元會運世，不離這息；春夏秋冬，不離這息，旦晝昏夜，不離這息。須知這息，宜數宜調，宜踵宜定，終至混元。欲盜天地之元炁，先定此息。片刻工夫，一年節候。何況時日月與年乎，各具周天混元之化。奈人日迷習染，不知數息、調息，其於踵息、胎息、混元息之妙，舉世之人更難知也。夫天地一晝夜，一萬三千五百息。人與天地同呼吸，人於凡息不知，何能知真息耶！

無能子云：「天地未分，混元一炁。天地既位，陰陽氣交。」人與物共浮於天地之中，一炁而已。息者，氣之呼吸也。元息者，呼吸之在內也。行在內，可以盜天地混元之化炁；行在外，不能奪天地造化之真炁。唯仙家能於片刻工夫，可以吸天地古今四時之真炁於一息之間焉。欲精此理，可熟讀張紫陽真人金丹四百字序，則得之矣。

總之，人被陰陽陶鑄，囿於炁數，報以因果，夭壽不一。雖逃業報，一旦墮落，是可悲哀。至人畏天報施，不敢妄行微惡，知炁盈神附則生，悟炁耗神離即死，當知一息尚存，性命還能自主，能行五息，自脫三途。果辛苦二三年，定快活萬千劫。化盡陰精，鍊成陽神，返本還原，便成聖體。聚則成形，散而金光，放之通乎十極，歛之隱於針鋒。蓬萊咫尺，金闕須臾。最上乘法，不過五息，何用九還，方能證果，形神俱妙，與道合真是也。至遊子真誥篇中乖崖子曰：「吾守一泓之氣，不能與造化爭焉。人之夭壽，囿於炁數，然皆自墮之也。」若至人鍊三元之真炁，結五臟之靈光，靜息凝神，則胎養氣化，三年有成，九載超舉，無不由此五息漸進而成耳。

按：五息法一書，亦道家入手工夫，似出於北七真邱長春真人一派，可爲入門

之助。至云「最上乘法，不過五息，何用九還，方能證果」，顯與前段「百日鍊藥」「十月成胎」「三年入定」「九載出神」等語，自相矛盾。吾故謂其措詞文氣不純也。所以註付剖劂者，因初學每苦無入手法，藉此為之引耳。

原息

坐非空坐，數息、調息、踵息、胎息至混元息，自心為息，息念相依而已。其秘訣由二目對視臍後炁穴，久則念歸於一，心靜極，踵息即現。此越數息、調息，而直以踵息為始也。苟不得觀息之秘，徒知數息以止雜念，調息而無風喘，均屬後天呼吸，不離口鼻，非真呼吸也。至於觀踵息根深炁穴，觀胎息動在中宮，觀混元息與天為一，此三息乃真人之息。若數息、調息，乃有形呼吸，為後天口鼻出入，只能養育身形耳。踵息、胎息、混元息，出於古書，得讀者少，固難普通咸知也。

此即儒家止定靜安之道，釋家了空觀止之機，然原理都出諸子書中，頗有研究之價值耳。

夫人之生，以炁為本，以神為體，以意為用，以心為根，以腎為蒂。心腎相去，八寸四

分，中有一脈爲衝脈，前有一脈名任脈，後有一脈名督脈。上之中前後，總會處，爲月窟，即午宮也；下之中前後，總聚處，爲天根，即子宮也。踵息由於衝脈。凡呼吸在外，要出入漸微，真呼吸在內，要動靜漸定。如人在胞胎中，息原於臍，及出母腹，息歸三田，知入漸微，真呼吸在內，要動靜漸定。如人在胞胎中，息原於臍，及出母腹，息歸三田，知識漸開，物欲漸染，三田脈隱，落於後天，有形氣息，則由鼻口出入矣。世人知踵息根源者少，如有志求知，原結道緣。

此理多出黃帝內經，亦養生術之一要旨，修養家不可不知也。

欲悟踵息真機，工深靜篤。須知衝脈乃中宮正脈，上通山根，至崑頂；下通臍內，至炁穴；中爲應谷，即橐籥。臍後腎前之間，古謂之陰陽竅，戊己門、十子路、四會田、生身處、復命關、虛無窟、無孔笛、玄牝門、呼吸處、慧命宮、長生窟、內玄關、神炁穴，異名雖多，總是這處。衝脈之上，爲外玄關；衝脈之中，名中玄關；衝脈之下，即內玄關。爲理之所以存，欲之所以去，陽之所以進，陰之所以退。呼闢吸闔，神會炁聚，實爲緊要關口。蓋息之一呼，百脈俱闢；息之一吸，百脈悉闔。闢則陽舒，闔則陰歛。闢者玄，闔者牝。一闢一闔之間，即玄關也。闢闔風生，又名橐籥，又名巽風。呼原性海，吸歸命蒂。莊子南華又名「踵息」。訣云：「呼吸至根蒂，長生乃可冀。」

四八

此段意義，與各丹經法理相通，又與邵康節乾坤闔闢圖相貫，其議論亦不可多得者。

呼則炁戀神，由後升而前降，於中自鼓；吸則神戀炁，由前降而後升，於中自納。鼓納之機，似天之橐籥。橐籥者，呼吸出入、天人相盜之機也。呼則動時愈出，吸則靜時愈入。呼吸之機，非但上下相應乎中，而逆轉迴環，前後無休，似河車運行不已也。學此得觀息之秘密，即知中宮消息，為首先下手之處也。不得其人，不可妄授。知者必先種德，苟不積善，妄行遭譴。懍之慎之！

此段承上文，以盡言呼吸之義。所云「炁戀」「神戀」，即仙家炁與神合之旨。故一鼓納，可以通天地橐籥之機，洵為見道語耳。

民國二十四年（一九三五年）二月翼化堂善書局初版

旁門小術錄

黔中積善堂　述　陳攖寧　評註

旁門小術錄原序

旁門者，顯與道違者也；小術者，隱與道違者也。夫大道至玄至妙，至簡至易，不雜一毫私意，不參一毫欲念，方是道根。凡不合夫天地之氣運，不合夫聖賢之正理，不合夫性情之存廢者，皆屬旁門小術。然旁門小術極多，吾欲詳指之，又恐傷忠厚，欲隱忍之，又恐誤後學。故特將塵世之大壞心術、大壞玄門者，姑舉數十條，以塞其流毒，亦是拔出深淵救出火坑之婆心也。凡修士有墮此術中者，急早回頭，亡羊補牢，亦不爲晚。若固執不通，自害而復害人，不惟不能結大緣，而且難望好結果矣。萬佛緣在邇，當時修士共凜之，三清殿有路，後世修士嚴辨之。

旁門小術錄陳序

張君竹銘者，好古敏求之士也。承其先代遺風，嘗以弘揚道術爲己任，搜羅古籍，刊

五〇

印流通，學者稱便。今又覓得鈔本旁門小術錄一册示余，謂擬付手民，公開傳布，免使世之學道者誤入歧途，意甚善也。惟此書不知何人所作，無著者姓氏，內有七言詩歌十三首，六言詩歌一首，歷舉種種旁門小術之害，從而闢之。余細審各術中，有當闢者，有不當闢者，其論調中有精確不移者，亦有似是而非者。夫旁門小術，既誤人矣，而闢旁門者漫無別擇，任意批評，致令後學讀彼所說，先入為主，拘於一孔之見，再轉而看古今各派丹經秘籍，反覺格格不入，豈非誤之又誤乎？余自髫齡學道至今，已有三十五年經驗，自信為識途之老馬，爰本客觀的地位，歷史的眼光，於每篇之後，加以按語，庶幾乎使世之學道者，一不至誤於旁門，再不至誤於闢旁門者。

中華民國二十四年一月即黃帝紀元四千六百三十一年皖江陳攖寧作於滬上

旁門小術錄

黔中積善堂　述　　陳攖寧　評註

第一首　闢採戰

錯認彼我當作真，誰知陰陽在本身。買妾宿娼行採戰，欲奪元氣補精神。豈有蓬萊仙家客，反類浪子貪淫行。

夫曰「彼」者，即少郎，即元陽也；曰「我」者，即美女，即元神也。蓋以本身之陽炁，點本身之陰神，使神炁混合爲一，便謂成道。而旁門，則謂我爲男子，彼爲女子。於是有買美女以豢養之，使外黃婆探其壬癸將至，行採戰以奪元氣者；有買美妾，宿娼妓，行採戰以奪元氣者。是皆錯認「彼」「我」二字，犯了首惡，天律王法冥刑俱不能逃，安望成仙哉？如此而欲成仙，則蓬萊仙山盡皆浪子淫婦矣。平心而論，有是理耶？有是理耶？此條害人極大，古佛故首戒之。

攖寧按　「彼」就是指他人而言，「我」就是指自己而言，在古人並未用錯，在今人亦未解錯。若曰彼是元氣，我是元神，則元氣、元神之名稱，在各家丹經中，數見不鮮，何必又弄出「彼」「我」二字來代替「神」「氣」二字，豈非畫蛇添足乎？採戰行爲，乃世間狂夫惡少所用，未可與金丹大道混爲一談。況各家丹經早已闢之矣，用不着後學再來饒舌。至於買妾宿娼這一類的事，關乎國家法律問題。法律若有明文禁止，他們自然有罪，法律若無明文規定，他們就可以自由行動，用不着我們越俎代庖，況且我們也實在無權可以干涉。至於天律冥刑，在現在這個時代說出來，人家未必相信，還是不談爲妙。

第二首　關試劍

修道最要念頭清，先鍊慧劍斬淫根。不知鍊劍反試劍，猶如猛火添油薪。任是降龍伏虎手，難免滲漏成濁精。

念頭不起，純是先天；念頭一起，已落後天。念頭若清，後天中猶存先天；念頭不清，後天中全無先天。念頭莫過於淫念，淫念一動，靈氣散矣；淫念久住，靈氣亡矣。修道者不怕念起，只怕覺遲。夫覺，即慧劍也。即覺即斬，隨覺隨斬，時常覺照，淫根自然斷絕。此謂之大覺，此謂之鍊劍。彼旁門不知鍊劍妙法，反以男女交媾爲試劍，謂不動念則劍利，謂一動念則劍鈍。試問陽舉之時，從無念起乎？從有念起乎？若無念而陽自舉，此屬先天，正好採取，若有念而陽始舉，此屬後天，正宜降伏。乃不降伏而反去行淫，非猛火添油薪而何？斯時也，元神不能作主，盡是識神用事，則元精必成濁精矣，欲其不滲漏不走洩也，吾不信也。此痛斥試劍者之非。

攖寧按　全部書中，止有此一段講得最好。除讚美而外，無可批評，望閱者注意。

第三首 關周天

陽舉風吹引尾閭，數次不散起周天。三十六次陽火進，陰符接用廿四全。試問塵世修真者，此法攷自何仙傳。

陽舉引風吹散，正法也。若陽不息，自有秘訣。行小術者，乃起小周天三十六，從尾閭至夾脊上玉枕至泥丸而止，此爲進陽火。又從泥丸下十二重樓，聽其自落，如此者二十四次，此爲退陰符。接用從右圈左三十六，從左圈右二十四，以合周天之數。行畢，凝神打坐，謂之沐浴，謂之補閏餘。不知周天甚活，拘拘數之，將心意盡於外功，神何能安？丹何能結？亦徒勞無功耳。此言小術之當戒。

攖寧按 小周天進陽火、退陰符之法，本是北派口訣，在南派中不必一定要用此法，也不必一定不用此法，乃是看事行事。至於右圈三十六、左圈二十四之法，性命圭旨中法輪自轉一圖，與此法大同小異，的確是無用處。若在玄要篇鉛火歌中，則「左右」二字，即等於「前後」二字之用，比圭旨又不同矣。

第四首　鬪滾轆圖

滾轆圓圖轉胸前，妄說傳自兩口仙。強用方術把性鍊，未識真性是先天。仙佛傳下安神法，妙無作為聽自然。

滾轆圖者，默想大圈於胸前，以大圈轉為小圈，將性束縛，謂之鍊性。此方術也，豈呂祖而傳此乎？其誣呂祖實甚。蓋真性極虛靈，成仙成佛，皆是此性。如默一圈可以束性，即默一圈可以束仙佛矣。此理易明，不待智者能辨，何竟墮諸術中而不覺也？仙佛傳下安神之法，即鍊性之法，妙合自然，不假強為，自能使性圓明，以成大道。吾隨古佛巡查，所見旁門小術不少，特載於書，免誤後學。

攖寧按　大圈變小圈，不過是一種收心的方便法子，免得心中胡思亂想。雖然不是大道，但亦不至於害人，比較死守身中某一竅之法，高明得多。蓋守竅之法，做得好，頗有效驗；做得不好，就要得一種怪病，百醫無效，束手待斃。反不如權且在胸前變幾個活圈套，尚不至於出毛病。

第五首 關吐納

朝朝面東口朝天，鼓起眼睛聳着肩。吐盡濁氣納清氣，脫胎換骨返童顏。那知戾風入臟腑，下田臌脹命難延。

納氣之術，晨早向東，鼓眼聳肩，以大口吸之，將清氣納於內，濁氣吐於外，謂可成仙成佛。那知遇着戾氣，積於五臟六腑，久之，下丹田臌脹，胸前壅塞，竟自有脹死者。噫！求道無法，死於非命，可笑亦可憐。

攖寧按 吐納之法，乃古代修鍊家所常行者，甚有用處。其法亦分上中下三等。狐仙正派者都用此術修鍊，妖邪者即採補矣；深山窮谷鍊劍之士，亦非用吐納工夫不可，世間最上等專門推拏按摩醫士，亦要練習吐納，方能運氣於手指，<u>少林派</u>武術真傳氣功，亦有吐納口訣。此公不明其中奧妙，妄肆詆毀，殊屬非是。

又按 <u>唐宋</u>以後的人，對於仙佛兩家學說，不肯虛心研究，若非彼此互相攻擊，就是籠統混爲一談。此公開口即曰「成仙成佛」，又曰「仙佛傳下安神之法」，後面又說「一部仙佛真傳，言之了了」等語。不知成仙者未必成佛，學佛者未必學仙；仙道是<u>中國</u>自<u>黃帝</u>以來所獨有的，佛教是<u>漢</u>朝由<u>印度</u>傳到<u>中國</u>來的。本是兩條門路，如

道學小叢書

五六

何能得同樣的前程？仙佛果可以結通家之好，則孔子當與耶穌聯盟，釋迦牟尼與穆罕默德何不拜把兄弟乎？

第六首　關忍饑

癡人妄想做神仙，忍渴不飲饑不餐。自成餓鬼三途墮，反望飛昇大羅天。許多聰明被此誤，意魔一起外魔纏。

渴則飲，饑則食，養生之理也。修道者，元氣充溢，煙火可絕，然而不飲不渴，不食不饑，方成神仙。乃竟有求仙癡人，閉門靜坐，不講修真妙法，而徒忍饑忍渴，雖餓死而不辭。信如斯言，則凡世之饑而死者，不皆列仙籍乎？吾見許多聰明之士，竟爲旁門所誤，此蓋癡心妄想，意魔一起，而外魔即將命索之矣。癡人早尋真師可也。

■攖寧按　學道者忍饑忍渴，或有難言之苦衷。人情誰不欲飲甘露、食佳珍？無奈爲環境所困，未能如願以償，甚至求一飽而不可得。終日皇皇奔走，無非爲糊口計耳。若一朝閉門靜坐，不能分身出外營求，則生活上自然要發生問題。然又不肯以口腹之累，遂生退悔之心。於是節衣縮食，以苟延歲月。有一日一餐者，有兩日一餐者，有辟穀服氣者，有以藥草代食者，有以木葉代食者。其志可嘉，其情可憫，吾人哀

矜之不暇，豈忍從而謗之乎？此公既不贊成此舉，何不出其私財，爲天下苦行學道者謀一安身之所，供給彼等衣食之需，免其受凍挨饑，不亦善乎？

又按 「早尋真師」這句話，實在可笑。真師一不登廣告，二不散傳單，三不掛招牌，四不吹牛皮，五面上又沒有特別記號，天下如此之大，一般學道者從何而知某人就是真師，某真師住在某省某縣、某山某洞、某街某巷？請問如何尋法？我老實說一句，真師是可遇而不可尋。

第七首 關種火添油

復止火，枉費精神到白頭。

無端種火妄添油，鼻吸清氣向外求。引上泥丸雙關止，逆而行之下重樓。無火弄火泥丸，過上雀橋，嚥下十二重樓，至中田而止。本無邪火就是好事，而乃故意弄火，復又止火，是何法也？是何道也？誤用精神，雖至白頭，猶是有生死的凡夫。其於金丹大道全未夢見，盲修瞎鍊何益。

攖寧按 種火添油之法，南北兩派都有，但不如此簡單。此公所言，非種火添油

之真訣。

第八首　闖五龍捧聖

最厭盲師冒仙才，五龍捧聖任意猜。橐籥出爐誇絕技，物塞大便更癡呆。詐人財物誤性命，死受冥刑生受災。

此法出自方士，當陽舉之時，即鼓巽風猛烹急鍊。若不散，凝神交戰一二候，以五指捧腎，緊握龍頭，如手淫一般，名爲「橐籥出爐」。用「撮」「抵」「吸」「閉」四字訣，將非法所成之濁精，從三關逆上泥丸，吞入黃庭，接起周天，圈左圈右，共六十次。又有謂大藥過關之時，必用木器緊將大便抵塞，以防走丹。蓋大藥過關，下雀橋自有路徑衝入尾閭直上，與大便何相干涉，而乃妄以酷刑處己哉？此二法，盲師視爲秘訣，詐人財物，戕人性命。玄門壞到這步田地，則生前豈能免大災，死後豈能逃冥刑乎？修士急宜猛省。

攖寧按　此法乃江湖術士騙錢之用者。<u>上海</u>十年前，有一人住<u>東亞</u>旅館中，大傳其道，就是這個法子。從學之人雖眾，受害者實不多。因爲<u>上海</u>人比較內地，究竟滑頭一點，所以不會吃大虧。

第九首　鬭身外求方

身藏仙丹藥最靈，何勞奇方身外尋。金石妄服多虧損，紫河車味臭難聞。更有下愚無知輩，自食敗精類畜牲。

身中元氣，即是仙丹，不意旁門野道，竟於身外尋求奇方。或鍊金石服之，自速其死；或將紫河車食之，同類相殘。尤可恨者，男女交媾後，自餂敗精，此與牛馬狗彘何殊？謂食敗精而可成仙，則牛馬狗彘不亦盡上天堂乎？此由丹書「服食」二字誤之也。看書固要明理，尋師尤要有識。

攖寧按　內丹是自己身中鍊的，外丹須要在身外尋求，不能一概而論。假使一概都在自己身中，就不必有內丹、外丹之分別了。紫河車，中國藥店皆有預備。金石之類，中醫、西醫亦常用之，不過中醫用原料，西醫用化學製造，有不同耳。近代新醫術以雌雄動物生殖器中內分泌物作藥，或注射、或服食，風行一世，請問又將如何批評？

道學小叢書

六〇

第十首　闢搬運法

欲使周身骨節通，自誇搬運是神功。龜首繫纏龜難死，龍頭顛倒龍愈雄。還有名爲八段錦，一切蠻幹似癲瘋。

吸氣一口，運至下田，從兩腿至膝至脚背，轉入湧泉穴，又從脚後跟至腿後，上陽關透過雙關夾脊，上兩膀至手背，翻入手心，又從手彎至後頸，上玉枕，至泥丸，下雀橋，接下十二重樓，落於丹田，爲一周天。

睡時用長帕將陽具包裹，以繩纏起，然後將帕與繩，從背後繫於頸上，側睡，防陽舉走丹。

又有一法，亦用長帕與繩將陽具包纏，從當門繫於頸後，以上頭對下頭，兩目緊緊瞧着。

又有八段錦之法，搖頭擺尾；拭腹，從上而下三十六次；叩齒三十六次，津液嚥下；兩手叉腰，周身故意擺動；兩手掄拳用力如打人狀；將頭左掉右掉反視兩脚後跟；以兩脚尖立地，十指相對，上齊眉，下齊地，名「周公禮」；獨脚站立，用力舒腿。行畢了，仰天出三口大氣，名「吐五濁氣」。每日飯後如此，困倦亦如此。

一切旁門，蠻幹已極，好似癲了瘋了。一般行之者，亦欲却病延年，亦欲成仙成佛，

吁！實可笑也。

導引吐納之法，若能善用，的確可以却病延年；不善用之，則有流弊。蓋等於醫生用藥一樣的道理，要看對症與否。若對症，雖毒藥也能救命，不對症，縱良藥亦能殺人。做內功的，若不懂外功，難免要做出病來，所以八段錦一類的運動，也是不可少的。此公不管好歹，一概關之，自己蠻幹不說，偏說別人蠻幹。

第十一首 關黃白法

點石成金鐵成銀，黃白僞術惑貪人。創造丹室與丹器，妄說萬兩始能成。豈知修鍊在心性，不分貴賤俱可行。

以黃白術惑人者，謂此丹鍊成，可以點石成金，點鐵成銀。於是遍訪貪污之人，勸伊出銀，或數百兩，或數十兩，約湊數千之譜，始可興工鍊丹。有丹可點金銀，從心所欲，拏來創造極華麗之丹室、極精巧之丹器，以及鮮衣美食。服役侍從，皆賴此丹點之以足用。此騙局也，人多墮此計。人各有心，人各有性，不分貴賤，得法修之，俱能有成，安用黃白術爲哉？安用丹室丹器，一切華美爲哉？貪人其深思焉可。

黃白術，有假有真。假的是方士用以騙財，真的是玄門用以自濟。被

六二

騙者，内有兩個人，我是曉得的，都是大資產階級中人，雖損失數千金，等於拔九牛之一毛，毫不感受痛苦。真會點金術者，自己有力量就做，沒有力量就不做，決不去逢迎巨商大賈、權勢官僚，與他們合作，更不肯把我們老祖宗數千年遺傳的神術，公開宣布。若一傳世，難免不讓外國人得着去了。

第十二首　闖背劍抱月

手捧腎囊拭下田，九九陽數左右全。<u>蘇秦</u>背劍真難過，懷中抱月笑溫丹。反躬曬肚情更苦，自投羅網太迂酸。

以左手捧腎囊，右手拭下丹田八十一次；右手捧腎囊，左手拭下丹田八十一次。又有<u>蘇秦</u>背劍之法，用一蛾眉樹，改成蛾眉板，憑著壁頭，以拱處抵背，將髮繫在板上，上綱右手，下綑左脚，動作不得，動必傾跌，然後將財物盜去，將婦女污辱。又有懷中抱月之法，當寒冷之時，用銅瓶裝開水放在臍上，兩手捧着，名爲「溫丹」。又有曬丹之法，用極彎之木拱起，仰臥其上，名爲「曬丹」。這些旁門，本不近情，愚人多爲所弄，自投羅網，何其迂也！

<u>攖寧按</u>　捧腎囊，摩下丹田，這個法子，是治遺精用的，有時頗見靈驗。<u>蘇秦</u>背

劍，是強盜行為，如何能相提並論？此公頭腦不清，竟至於此。銅瓶裝水，等於現在所用之熱水袋；仰臥曬腹，等於現在之日光浴。我不知對於人身有可害處，要煩此公之口誅筆伐？

第十三首　關臍下結丹

目注臍下一寸三，此係臭囊怎結丹。毛際外腎俱無益，妄安鼎爐指玄關。周身孔竅的真處，毫釐稍差隔天淵。

臍下一寸三分，此處極虛，此處極臭，謂結丹在此，亦妄人也。周身穴道，不得真傳，終屬疑似，切勿自恃。有觀毛際者，有觀外腎者，然真鼎真爐俱不在是，觀之何益？

攖寧按　臍下一寸三分，雖非丹家必要之處，但偶爾亦有連帶關係，不能完全撇開。所謂極臭者，不過因大腸中有糞耳。請問結丹是否結在大腸中間？與臭不臭有何交涉？

第十四首　歸於清靜自然

三千六百旁門，難以一一指明。凡有作為皆假，清淨自然乃真。萬殊歸於一本，三乘

約於一心。以我鍊我最妙，長生火內生金。邪正昭然若揭，何去何從有憑。果能棄邪歸正，定許白日飛昇。

旁門甚多，難以書之竹帛，故以凡有作爲該之。清清淨淨，自自然然，乃是先天大道，乃可成仙成佛。以一「性」字了之，以「心」字約之，則形神俱妙矣。

金，陽也，生於長生火內。

一部仙佛真傳，或邪或正，言之了了，觀者猶不知棄取耶。棄邪歸正，仙佛度人之心也。

此首結通部。

纓寧按 「清靜自然」，本是一種好字眼。表面上看起來，似乎合理，實在做起來，竟無下手處。若不從後天做起，如何一步就會跳到先天道上去？「仙」「佛」二字，此公到底沒有弄清楚。白日飛昇，簡直是說夢話。請你在萬目共覩之下，飛把大眾看看。

民國二十四年（一九三五年）三月冀化堂善書局初版

金火丹訣

致一子許信良　著　瀟湘漁父常遵先　校

校正真本金火丹訣序

亙古丹書，言學理者，文雖高妙，細心探討，尚可索其真解。若言口訣者，譬喻雖屬尋常，而寓意隱微，非經師授口傳，真是任汝敏過顏回，亦難窮其玄奧。

余昔讀呂祖賦云：「色是藥，酒是祿，酒色之中無拘束。」又云：「花街柳巷覓真人，真人只在花街玩。」心甚疑之。及讀葫蘆歌云：「坎離顛倒憑葫蘆，長男奪取少女寶。」又云：「龍虎交媾在黃庭，妄作三峯命不保。」由是再讀呂祖賦云：「也飲酒，也食肉，守定煙花斷淫慾；摘花戴，飲瓊漿，景裏無爲道自昌。」方知古人立言取譬，寄託遙深，而大道亦不出語言文字之外，故文字中亦可索口訣於十之一二也。所惜者，坊本恒以僞亂真，致讀者益滋疑竇。況口訣重要，嘗關係在一二字中，豈可舛誤乎？乃翻版重印者，或限於一知，或執於一見，每每擅改古文，謬作解語。

如金火丹訣一書，乃致一子所著，本南派之真詮。經凝中子、靈玄子二人增改，遂使

真義闇然。余嘗廢書三歎。茲經張君竹銘，自友人處索得真本，鈔錄示余。閱之，文義顯明，深合呂祖一派悟真要旨，而口訣真理，活躍躍於字裏行間，其與靈玄子之參訂者，大分涇渭。始歎丹訣書，非通達其真諦者，讀法尚莫能明，況擅改其文字乎？因副張君囑託，乃集新舊各書，詳加校正，付翼化堂由叢書出版，以公海內外同好之參攷，不亦大有裨於道學前途之之萬一哉？

中華民國二十四年乙亥歲仲春月湘陰常遵先叙於滬上之弘道軒

金火丹訣自序

夫修仙之道，由來久矣。上至黃老開先，下至諸真衍派，聖聖相傳，師師相授，山林城市，代不乏人。究其道術造端，則玄奧莫測，微妙難知。雖聰明上士，達者鮮矣，況其下焉者乎？

且夫道者，□□□事。外則窮天地日月交媾之理，內則明男女陰陽造化之機，然非有師傳，安能自悟？所以，學道者甚多，而成道者甚少。此無他，在得傳與不得傳者耳。今修鍊者，止看丹經，不求口訣，未遇真傳，徒爾枯坐，以盲引盲，而不知都落於頑空也。對於諸祖丹經所傳入室下手陰陽順逆之理，反視爲清淨虛無之事矣！若此修□□如鏡裏

觀花，何異水中捉月？徒然勞苦，深□□惜。

僕自知魯鈍，賦性不敏，然力學在人，切向自省，求步希夷之域，願上紫陽之堂。訪聖尋真，遍遊川嶽，幸天不棄，得遇聖師誨以參同、悟真之妙，示以周易、陰符之旨，闡明卦爻，洞達玄機，方知金丹大道不出乎陰陽而已。因念近求學□□十有八九，求其入□□百無一得。僕既獲真傳，安敢含默？於是將平日所得並師真所授築基、鍊己、得藥、還丹、溫養、面壁、脫胎、了當之旨，不避天譴，直述無隱，次第編詩，共成一卷。內分七言四韻十六首，按二八之術數，以象一秤真全；絕句六十四首，按六十四卦，以象周天火候；《西江月》一首，按太乙之奇，以象金丹一粒。至於鼎器先後，藥物斤兩，火候進退，悉備其中矣。

□□□□金火丹訣。　蓋金丹至要，不外「金火」二字。因火為大丹之本，火非金不融，金非火不化，火金交鍊，片晌之間，結成一粒，大如黍米，此名金丹也。將此一粒，採而服之，吞歸五內，擒伏己之陰汞，猶貓捕鼠，如鷹搦兔，從此不能走失矣！　然後運陰符陽火，抽添進退，養育真炁，化爲金液之質。故凡運火之際，忽覺尾閭有物直衝脊背雙關，歷歷有聲，逆上泥丸，觸上腭，顆顆降入口中，狀如雀卵，馨香甘美，名玉液還丹。徐徐嚥歸丹田，結成聖胎，十月功完，六百卦盡，剝盡羣陰，體□□□□□□□□，脫胎神化，從此入出，

面壁□□□□□功成行滿，自然形神俱妙，性命雙圓，與道合真，變化不測矣！古

聖强名曰「九轉金液大還丹」也。

今將此法，條列於後，非敢爲達者規模，始留作初學者參究，庶使學者知之於一時，驗之於將來，不迷旁門曲徑，永爲正法眼印，互相傳授，共證聖果，依而行之，信而從之，運鍊一身，丹成九轉，形飛天闕，號曰真人。當□□□□，大丈夫功成名遂之時，而修仙之能事畢矣！

西涼致一子許信良序

遵先校

此序與坊本中凝中子增訂者大不相同。因凝中子未習南派法，故將清修語句刪改，致晦真義。今張竹銘兄在友人處索得此真本，乃完全闡南五祖真傳大道意義者。惜乎鈔本年代過遠，中多蠹食，或因紙質融化，故多缺字，未敢擅加，均用方圈，以俟攷錄。幸要旨可索。如云「金丹大道，不出陰陽而已」；又云「修丹至要，不外『金火』二字」。以下又將玉液還丹與金液大還丹各訣，言之鑿鑿，實與參同契、悟真篇真旨相表裏，且與大學之「誠意正心」、道德經之「載營魄抱一」之意旨相貫通，洵道學之精華，豈拘一不化及淺見少聞者所能窺其堂奧也哉！

校正真本金火丹訣

西涼致一子許信良　著　　瀟湘漁父常遵先　校正

七律詩十六首

天地生成詎等閒，陰陽二字紐連環；含生人有長生路，入世誰知出世間？《道德有
言觀妙竅，丹經注意在玄關；從來少艾難長久，惟有金丹好駐顏。

癡愛貪嗔種種魔，精神暗裏被消磨；百年富貴晨初露，一具骷髏水上波。世事如棋
難計較，光陰似箭易蹉跎；高山譜出還丹訣，留待知音悟此歌。

混沌初開天地分，乾坤交媾失元真；坎爻內實嬰兒體，離卦中虛姹女身。木性慈仁
吾作主，金情順義彼爲賓；若能將此行顛倒，返本還原壽萬春。

修真默坐要開關，玄竅通時便駐顏；一炁薰蒸尾閭起，三車搬運頂門還。丹頭採自
乾坤竅，道眼通從離坎間；靜極陽生須急採，運神馭氣上泥丸。

築基須用有為功，橐籥吹噓鼎內風；神注丹宮休漏洩，炁歸元海要流通。還精補腦

身長健，添汞抽鉛命不窮；開透三關諸病却，丹田溫煖老還童。

鍊己持心妙更玄，安爐立鼎取先天；子來陽火乾元用，午退陰符坤策旋。似鶴養胎

神默默，如貓捕鼠息緜緜；叮嚀時至無差失，頃刻之間奪化權。

藥在西南坤地生，曲江池上月華明；驗探神水分壬癸，採取真金鍊甲庚。火遇子時

雙匹配，鉛逢午日一團成；須知藥物憑斤兩，好共真師仔細論。

傳風信，儻洩金華便月虧；若到雙扉全闢處，空勞仗劍舞龍池。

桃源洞內覓刀圭，花未開時莫亂為；紅葉半舒門半啟，黃芽初長露初垂。勤探玉蕊

明月初三洽正逢，陰陽交媾會雌雄；西山虎嘯青岡內，東海龍吟黑水中。玉鼎湯煎

玄戶透，金爐火熾牝門通；凝眉引炁行呼吸，得藥歸來入震宮。

七一

真鉛即是水中金，須向華池着意尋；伏虎手提無刃劍，降龍懷抱沒弦琴。

乾坤竅，一炁初生天地心；識得鴻濛含有象，鴛鴦正好度金針。兩儀妙合

金鼎玄珠似月圓，眉間光透正當年；五千日外生黃道，三十時間產黑鉛。顛倒乾坤

交泰卦，循環烏兔運周天；還丹一粒吞歸腹，永作長生不老仙。

溫養澆涪六百篇，鼎分三足鍊胎仙；朝行陽火霞輝日，暮退陰符月午天。復姤抽添

須慮險，屯蒙沐浴貴精研；如期旬月功完滿，產個嬰兒出上田。

面壁深山要九年，無人無我絕塵緣；常令朗月照心地，莫教迷雲障性天。頓悟圓通

成至道，虛靈粉碎了真詮；功完行滿朝元去，白日飛昇謁帝前。

坤爐乾鼎鍊丹砂，四象五行聚一家；採取紅丸制黑汞，養成白雪配黃芽。金砂燒煆

原非易，草木烹吞到底差；不會陰陽顛倒訣，休將膚見對人誇。

道學小叢書

七二

陰陽大道在人間，休去深山隱洞天，採藥他山尋祖炁，鍊丹斯室煅真鉛。一時造化

通爻策，六候真機象缺圓；進氣門關先鍊己，逍遙住世萬千年。

空勞力，鍊汞燒鉛豈易爲；幸遇聖師真口訣，敢將俚句洩玄微。

日魂月魄道之基，舉世而今知者稀；智士認爲神炁合，迷人罔覺坎離非。守心想腎

遵校 此詩詞意暢達，與坊本大異。計十六章，乃依先後天二八之數而作也，凡

雙修之義，言之殆盡，深得悟真篇之真旨，可爲學道者他山之助。其自「混沌初開天

地分」起，至「面壁深山要九年」，共十一首，將大道精修之法，幾全洩露於字裏行間，

惟緊要處均蘊藏未發，將有待於真師之口授。讀者若瞎解昧真，則必太阿倒持，爲魔

所幻矣！ 余有笑謔，錄之於後：「若無慧劍制羣魔，你對本抄歌，必如一葉盪風波。

生命寄江河，十難九磨，危險前途處處多，我看你急水灘頭怎樣過？」

七絕詩六十四首

曠懷大道慕通玄，訪遍名山歷巨川； 覓得洞天無大隱，白云何處是真仙？

落魄天涯數十年，一朝邂逅大金仙；

耳邊叮嚀無多語，教去西川覓黑鉛。

丹書從不語虛無，迷者終難悟正途；

弗遇真師親口授，盲修枉自費功夫。

先須鍊性鎖心猿，次要跏趺坐半年；

然後用茲真妙訣，迴光返照下丹田。

腎前臍後下丹田，慧眼常須靜裏觀；

待遇子真方下手，採來默運上泥丸。

子時冬至一陽生，葭管飛灰夜氣清；

急會身中真造化，天人合發採元精。

採取元精全藉火，從來真火少人知；

余今漏洩天機奧，夜半陽生即子時。

陽興然後好行持，日月雙輪東復西；

駕起三車毋暫歇，載精運火過曹溪。

曹溪路接尾閭關，一道銀河透玉山；

緊抱下關牢閉固，先天一炁自循環。

夾脊雙關通玉枕，河車運轉似風輪；
崑崙頂上常來住，片刻周行十二辰。

後升前降逆迴旋，一炁周流上下田；
如此三關行熟後，方宜入室採真鉛。

孤修寡鍊丹難結，須把雙修妙理詳；
若問玄黃真奧妙，從來大道即陰陽。

陰陽二炁是乾坤，老子名爲玄牝門；
大易象辭曾說破，學人因甚不窮根。

六爻變動兩儀形，八卦相交理最明；
都謂一陽司復震，那知修道重咸恒。

人身傚法天和地，女象坤兮男象乾；
若果知時相會合，金烏玉兔一輪圓。

一陰一陽相配合，順生人物逆成仙；
修丹妙法同斯理，只在中間顛倒顛。

天地絪縕萬物生，夫妻交媾結胎嬰；
陰陽會合方成道，離了陰陽道不成。

雙修妙理最幽玄，二氣相遇丹自圓；
若謂獨修能得道，孤僧寡道盡成仙。

月非日映光難聚，陽不陰交氣屬陰；
欲訪明人論此理，塵寰遊遍少知音。

藥物根源仔細陳，金丹產在綵鸞身；
分明指出君須記，二七相交十四春。

與君再說金丹竅，日出西山白虎嘯；
等候夜半亥子時，採之片刻真玄妙。

修丹切莫妄行持，須認他家活子時；
月出庚方鉛自現，蟾光一道露華池。

癸後鉛生辨濁清，先天真炁少人明；
要知此藥何時產，但看初三月出庚。

欲採真鉛築命基，望前朔後正當時；
一鉤新月金初旺，過後休嘗莫亂爲。

五千四八產真鉛，恰象天中秋月圓；
夜半陽生須急採，爐中行火自烹煎。

十五月圓花正開，水清金旺絕纖埃；　若交復卦陽初動，一顆玄珠產下來。

金花大藥是丹材，城市鄉村處處開；　認得採歸爐裏鍊，一時辰內結靈胎。

採花須採花中金，採取金花分癸壬；　識得花間真消息，自然虎嘯會龍吟。

酒是良朋伴似花，載花飲酒駕河車；　西山北海觀潮信，夜夜南山玩月華。

若問華池在那方，西南坤地是家鄉；　其中有味醍醐酒，服下重樓壽命長。

醫老原來藥最玄，丹頭一味水鄉鉛；　人衰賴補花須接，此法神仙親口傳。

人身年邁血精殘，補血添精兩不難；　橐籥吹噓休着力，自然真炁上泥丸。

築基不是等閒功，會合陰陽交虎龍；　寄語修真諸達士，莫將此理認三峯。

鑄劍先安爐太乙,次憑金水鍊凡骨;
堅剛既已聖通靈,好駕仙槎遊月窟。

降龍伏虎也非難,寶劍虛含陰海間;
鉛鼎溫溫陽火功,存神運氣過三關。

偃月爐中鉛氣濃,懸胎鼎內火初紅;
寒聲玉漏丁丁滴,息數周天藉巽風。

縱識真鉛及水銀,不知火候道難成;
周天鍊法神仙授,世上愚人幾個明?

周天火候有真傳,進退抽添汞制鉛;
陽火子時三十六,陰符三八午時旋。

陰符陽火往來行,玉液還丹指日盈;
再去坎宮求大藥,送歸離內制陰精。

大藥須同類相感,休將心腎作離坎;
不明陰陽顛倒顛,莫在人前稱博覽。

當前紅日隱深潭,陰內藏陽是坎男;
倒贅離宮配姹女,成親只在月初三。

鼓琴洞裏招丹鳳，敲竹簫前換黑龜；
二物會時因戊己，坎離交媾結刀圭。

一個時辰分六候，只消二候得丹頭；
真鉛度過尾閭去，四候合丹仔細收。

交感陰陽結聖胎，金蓮一朵火中開；
採歸運上泥丸頂，化作甘泉下口來。

前短洞房交虎龍，後長得藥入中宮；
陰消汞固身無漏，從此靈砂漸漸紅。

鉛歸土釜汞凝中，十月汞乾鉛自空；
六百卦中符火事，抽添妙用法屯蒙。

屯蒙二卦用心排，刑德臨門保聖胎；
沐浴金丹光透體，一年功畢產嬰孩。

沐浴原非卯酉月，學人須記兔雞時；
洗心滌慮防危險，住火停符始合宜。

男兒懷孕是仙胎，不象凡人順下來；
劈裂頂門須倒養，元神出現兔輪迴。

靜坐深山絕世情，九年面壁養元神；
慧光充滿三千界，打破虛空了至真。

九載養成身外身，却來塵世積功行；
功完行滿丹書詔，駕鶴乘鸞上玉京。

白日飛昇謁太清，飄飄遺世出紅塵；
陽神從此超三界，永證金剛不壞身。

修行何必論嬋妍，莫謂佛尊道不然；
試問參禪賢伴侶，釋迦因甚號金仙？

道曰金丹儒太極，釋迦圓覺號牟尼；
雖然門户分三教，修道根源共一枝。

神仙事業古如今，惟有修丹義最深；
大抵修丹須口訣，若無口訣枉勞心。

欲修金液還丹道，先結良朋備法財；
得法得財得外護，同心修鍊上蓬萊。

一句道心說與賢，人間萬事不如錢；
金丹原是長生藥，若少青趺難駐顏。

修行切莫隱深淵，須住人間鬧市廛；柳巷花街真福地，從來花酒出神仙。

紅塵之內好修身，須要居塵不染塵；大隱何妨爲俗客，道成然後做真人。

丹經萬卷講玄機，只是迷人不自知；如謂書中無口訣，憑何印證得修持？

內修精氣正希仙，外體陰陽玄又玄；寄語道流休執著，深山孤坐枉徒然。

更有學人愛鍊丹，却將鉛汞鼎中安；點金服食圖冲舉，到老差殊成道難。

內外二丹全未聞，自誇知道對人論；饒君口似懸河水，終作閻王殿上魂。

富貴不修徒有錢，豈知死後捏空拳；勸君早鍊金丹藥，作個人間不老仙。

遵先校　此詩係按六十四卦數而作。言北派法，不落頑空，頗得乾坤先天法竅；言南派法，毫不著實，頗得《悟真篇》一派真旨，與坊本多不同。因坊本專重北派法，故將其中要處擅爲刪改，致失真相耳。且攷此詩，能會通三教，不著門戶意見，可

謂「讀破萬卷書，深得一貫旨」。夫道本無二，後人智愚不等，聖人因才教育，故傳授有深淺不同，如是所得各異，遂假託古聖，各分門戶。宋儒所以硬派孔子爲政治家，樹立儒教，因是一班無知淺學，附合因緣，又假託老子、如來，教分道、釋，遂開後世各是其教，互相爭訟之門。究之三教之源，都不外先天陰陽一理，毫無衝突。得其真傳者，大度包容，重道不論教；不得真傳者，私心自用，專論教不重道。不知古今中外，止此一道，並無二道。孔子修身治國平天下；老子修之身其德乃真，修之天下其德乃普；如來所有一切眾生之類，我皆令入無餘涅槃而滅度之：此皆同一公天下之誠也。至其自修，孔子先正其心，老子虛其心，如來如是生清靜心，此又皆以定心爲本也。讀遍孔子、老子、如來經書，何嘗有一語相攻擊者？昔張紫陽作悟真篇〈序〉云：「先聖教人了性命以脫生死，釋氏以了性爲宗，老氏以了命爲本，仲尼極臻乎性命之奧，教雖分三，道乃歸一。惜後世緇黃縫掖，各執專門，互相詆毀，遂令三家宗要不能一致而同歸矣。」足見悟真者，真能會通三家一貫之旨也。讀此詩者，宜以定心修道爲本，毋徒以教而興門戶之爭耳。且此詩，訣雖微露，然非口傳不能明其真諦。若以教自限，則求真師更不易也。學者勉之。

西江月詞一首

下手先施橐籥，開關後用真鉛，築基鍊己採先天，得藥方行烹鍊。　片晌還丹一粒，聖胎十月功全，九年面壁作神仙，纔了平生志願。

遵校　此詞與坊本只一二三字不同，覺無大區別。嘗讀呂祖西江月詞，聊聊數語，將金丹大道悉掛其中，今閱此詞，頗得呂祖所作之旨趣焉。

金火丹訣易知說

世有志於道者，奈修法紛紛，孰爲真哉，不易知也。昔金母觀心，老子觀竅，五祖兩宗，道脈相傳，承此授受，即爲正法，無非釋氏拈花指觀之秘，儒家惟一執中之旨。學者本此，實無誤矣。其餘總非正法，學之無益，豈是洗心還原、身心性命之要？

僕前述觀竅觀妙者，乃修者正途也。所謂有欲觀竅，自無欲矣；無欲觀妙，自還虛矣。但無欲觀妙，世不易求；有欲觀竅，亦難多得。況竅之所在，世更無知。雖隱諸丹書，非上知不悟。若下愚者，待師傳而知。即能知，亦要能觀，亦要能恒。苟無恒者，時勤時怠，雖知其竅，觀之無常，何能由有欲而至無欲矣？毋在問乎觀妙也。嗚乎！人自有

生以來，由幼至老，知心被物欲所污，而能洗滌還其赤子之心者，世有幾人哉？能知能滌，則放蕩之念歛而無跡，吾心明德日明，以復本然之善，而還原來之性，其功全在觀竅。先知其竅，再問乎觀。知觀之所在，則能知所止矣。噫！知乎此，觀乎此，止乎此，常自在乎此，此可忽乎？知此觀之，即無欲矣。

情來歸性，是曰「還性」。仍爲吾之本有也。夫丹吾之固有，欲動情勝，則馳外矣。今無欲，即由外而返內，謂之「還」。論丹即水鄉鉛，鉛乃元炁之比；火中汞，汞本元神之喻。二者混一，即爲丹也。直指之，腎中元炁即命也，心內元神即性也。欲求性命會合，須火降水，內神入炁中，所謂汞擒鉛，鉛制汞，虎伏龍降也。兩者合化成丹，全憑土釜鼎也。其在嬰兒姹女，使之合者黃婆也。然皆真意之喻。如實言之，以意統神合炁，用火風鍊一成丹也。廣成子曰：「火即神，風即息也。」此內鍊功夫，始於觀竅。

竅在目前。呂祖金華宗旨云：「繫念於目前。」即二目齊平之中是也。南谷子曰：「至道不遠兮，恒在目前。」柳華陽曰：「大道淵微兮，常在目前。」三公慈懷廣濟，已漏春光，人還夢夢，當前錯過，緣何淺耶！今僕不忍人無正法，徒自盲修，冒禁直指，使人全知。但要爲善去惡，濟困扶危，體三畏三戒，遵四勿四毋，輔此內鍊，否則難成。中庸曰：「苟無至德，至道不凝焉。」悟真曰：「若非積行修陰德，動有羣魔作障緣。」人之於學，當

日有善而無惡，得爲善人君子以解業緣也。至於希賢希聖，成仙成佛，全在自立功行輕重

而得之。是以孟子曰：「舜何人也，予何人也，有爲者，亦若是。」至於愚而無學者，縱

不想流芳百世，亦不畏遺臭萬年，獨不懼古聖所云「善惡之報，如影隨形。報至三世，歷歷

不爽」乎？天雖至高，聽則至卑，人之舉念，神鬼便知。念之忽起，當自慎之。於善當充，

於惡當遏，莫使潛滋暗長於隱微中也。詩曰：「相在爾室，尚不愧於屋漏。」文帝曰：

「慎獨知於衾影，人於不當起之念遏，過則歸於一念。」一者，主一無適，敬止之至也。人

於此未修者學之，庶免果報。其修者學之，輔助內功，方得成也。當念「人身難得而今得，

大道難聞現已聞，不在今生觀妙竅，何生得法養元神」。

所謂妙竅者，中宮衝脈，三田一脈之總竅也。圭旨曰：「一條直路少人尋，尋到山根

始入門。觀定便知行炁主，真人之息自深深。」又云：「不是玄門消息深，高山流水少知

音。若能尋著來時路，赤子依然混沌心。」按此竅，上在山根目中之內，中在臍內一寸三

分，下在炁穴之中。黄庭曰：「前對臍門後對腎，中間有個真金鼎。」又曰：「後有密門

前生門，出日入月呼吸存。」是即吕祖所謂「玉清留下逍遙訣，只要凝神入炁穴」是也。炁

穴即天根，山根即月窟，橐籥即中宮。三田一脈，總曰玄關。中宮主脈，前任後督，交合於

衝脈兩頭，月窟之午，來會天根之子也。子即活子，陽動時也，以火風鍊精，化炁歸源也，

午即活午，陰靜時也，以定靜伏炁，安神返本也。西涼許子曰：「修丹至要，惟此金火。金，元炁也；火，元神也。」又曰：「金非火不化，火非金不融，金火合鍊，便是丹訣。」又曰：「交鍊片晌，結成小藥。機動便採，積成大藥。煅盡陰精，炁足神圓，丹得胎成矣。」

僕讀金火丹訣，感而再述，闡明訣中之訣，竅中之竅，以便志士修之有法也。前致原抄，許多錯誤，今再細參，訂正無訛。為此訣明功簡，易知易能，有益後學，得歸正路，故本諸丹經，逐句攷訂，較前工法，更加顯露，言明比喻，直指正宗。有緣遇此，總明正道，如訣修持，以期超脫，庶可不為傍蹊邪徑所迷，免沒西涼致一許子苦心。但此非僕妄訂，蓋為成此，即可付梓，使人以歸正耳。

光緒五年歲次己卯冬十月下元解厄日

鉢陽靈玄子汪怡寬紹輔玫定丹訣作易知說列於訣前

遵按 此說是靈玄子汪怡寬刪改致一子金火丹訣後，作此以自叙也。遵因其中文義，皆迂拘於枯坐孤修，未明南五祖一派之真旨，即北派法亦未知其真諦也。迺強將道德經「觀妙」「觀竅」，硬派為北派清修之法，遂指作心神，詞多免強。又硬說竅是在山根目中之內，又引呂祖「繫念於目前」一語，硬解為「即二目齊平之中」，更謂「中宮衝脈，三田一脈之總竅」也。如此等等謬解，皆據為真傳，在北派中，既已試驗為不

可用之法，況引來混入南派丹訣書中，更覺風馬牛不相及也。然而誤人已不少。近

嘗有修鍊志士，來談及師傳秘訣，守眉心，或注意下田，致生臟脹、心悸、頭昏、中燒、

便數、腹瀉等等症候者，皆此等書階之屬耳。況引諸書成語，皆未明其真義，瞎扯盲

談，花人耳目，迷人心神，尤非修道人所應爲者。聖人云：「人之患在好爲人師。」短

註書而傳千萬世乎，可不慎歟！至解天根月窟、三田一脈，更屬無稽。最奇者，「訣

中訣」「竅中竅」二語。試問彼曾入其中觀見耶？尤爲可笑。今特附此說於後，將其

訛處，聊爲指明，俾後世學者，知其言之不可信也，切勿誤會余有所作用。余於三教

尚倡一貫之義，況一道乎？如有所疑，請依其法試行之，自知余言不謬耳。讀書求

道者，慎之慎之！

民國二十四年（一九三五年）四月翼化堂善書局初版

三乘秘密口訣　澹園冷謙　著　陳攖寧　校訂並補鈔

三乘秘密口訣陳序

曹君昌祺者，今世好道之士也，先後贈與翼化堂舊版道書，不下數十種。本書即其中之一種。余觀其簡明而切實，尚少隱語浮辭，初學讀之，當易於了解。雖字句未嘗修飾，亦無妨也。道書作手，每喜託名，是否出諸冷謙，可毋庸深究，只求口訣足以應用而已。今爲之斷其句讀，校其誤字，並由他書摘取幾條用功口訣，附錄於後，與本書相輔而行，對於世間慕道修真者，或不乏涓埃之一助爾。

中華民國二十四年七月即黃帝紀元四千六百三十二年皖江陳攖寧識於滬上

三乘秘密口訣　澹園冷謙　著　陳攖寧　校訂並補鈔

初乘小周天秘訣

呼吸自然神炁戀，陽生起火火方全。周天初用分子午，爻象陰陽六九連。約言百日

八八

是程期，精鍊功勤化氣奇。真炁居臍須超脫，已成無漏要遷移。

初乘小周天築基者，鍊精化炁。閉關趺坐，於子時清靜止念，垂簾塞兌，收視返聽，迴光於下丹田，以神馭炁，而神入炁穴。以呼吸之炁，而留戀神炁，方得神炁不離，升降自然。但炁有起止，起於虛危穴坎宮子位，亦止於是。炁行有數，忌其太多，炁行有時，忌其太久。不單播弄後天炁者，恐以滯其先天炁之生機。後天炁用之不已，而先天炁不旺，此修仙至緊至秘之功。故以周天三百六十限之。子行三十六，積得陽爻一百八十數；午行二十四，合得陰爻一百二十數。五位陽爻用九，故共一百八十數，除卯時不同爻用。五位陰爻用六，故共一百二十數，除酉時不同爻用。行沐浴以養之。古聖不傳火，故云「沐浴」者，不行火候也。行者累積動炁，以完先純陽真炁。凡一動一鍊，積之百日，則精不漏而返炁矣。如年之衰老者，則二三百日，未大概言之。或有五六十日，或七八十日，得炁足者。百日築基，鍊精化炁，乃可定也。功勤者易得，年少者易得。此時精已化炁，則無復有精，真炁已在臍之境矣。已得長生之基，爲人仙也。故曰：「陽關一閉，個個長生。」身已不死，而丹必可成也。是炁因靜定之久，不復動而化精。如有精，則未及證於盡返炁也。真無漏者，則陰縮如小童子，絕無舉動爲驗，便有止火之候。此時真炁，亦不得死守於臍，須超

脫過關，名得金丹大藥，用以服食飛昇。故有三遷之法。即以七日口授天機，採其大藥，以五龍捧真之秘，度過三關，以行中乘大周天之炁候。三遷者，神在上田，炁在中田，精在下田，自下而遷中，自中而遷上，自上而遷出。

七日口授天機五龍捧真秘訣

秘密天機採藥收，蒲團七五火珠流。三岔路上衝關妙，運轉真金神室留。

七日，是採大藥七日之功，此萬古不洩之仙機。築基百日，杏冥火炁薰蒸，真炁因之忽然自有可見，故止後天炁之火，惟單採先天炁之藥。工夫盡在於七日之內。因此時真炁，盡歸於命根臍腹間矣。雖有動，猶不離於動處，只在內，不馳於外。用無火之火，無候之候，靜坐蒲團，取得下田先天真炁，名曰金丹。因採取之久，火候之足，精還補炁之盛，謂之外丹成。其炁之發生，始有法成之妙相，而純陽之炁根始動。待到尾閭界地，在脊骨二十四椎至盡三岔之路，有中左右三竅。用七日之功，到五日之間，忽丹田如火珠，直馳上心即回，下馳向外腎邊，無竅可出，即轉馳向尾閭衝關。此皆真炁自家妙用，非由人力所至。但到關邊，必用口授天機，方纔過得關去。辰龍即意土，數五。蓋以意輕輕乘其真炁自然衝關向上之機，加以五龍捧真之秘。

運動，則捧真陽大藥，使透尾閭、夾脊、玉枕三關，已通九竅。蓋每一關有中左右三竅，三關則有九竅，直灌頂門，夾鼻牽牛過鵲橋。牛性主於鼻，防牛之妄走，因有危險，故夾鼻使出於當行之路，下重樓，乃喉之十二重樓，而入中丹田神室之中。坎實已點化離陰，即乾坤交媾也，以行大周天之火候。火原在下立物，合下田而行者，雖合下而用，時時充滿虛空。即有升降，而真我不動之元性，猶在於合下之內。古言「心下腎上處，肝西肺左中」，世人遂疑臍之上有一穴，如此則無根可歸，殆非也。

中乘大周天秘訣

精勤十月大周天，鍊炁化神晝夜連。定力足時却世味，個中遲速證胎仙。

中乘大周天炁候者，鍊炁化神，以周十月之天。用功無間，即古云「功夫常不間，定息號靈胎」，又曰「晝夜晨昏看火候，不在吹噓並數息」。蒲團子按「數息」原作「息數」，據稀見丹經續編改。蓋無間無時無數，爲大周天之妙用，不似小周天之易行也。懷胎鍊炁化神，入定者之候。其中三月定力，而能不食世味。或四月、五月，或多月，始能不食者。功怠者，得證果遲。惟絕食之證速，則得定、出定亦速。食爲陰，有一分陰在，則用一分食。由定而太和元炁充於中，則不饑不渴。若定心散亂，則有十月之外者，及

不可計數而始得定者。蓋歇氣多時，「火冷丹力遲」之故也。

正念除魔秘訣

萬般景象屬陰魔，正念空空魔自瘥。呼吸無時神已定，魔消福長性靈和。

正念除魔者，因神胎將完之時，外景頗多，有一分陰，即有一分魔。或見聞奇異，或有可喜事物，或有可懼事物，或有可信事物，或有心生妄念；或有奉上帝高真眾聖法旨，來試道行，試過不著，諸天保舉；或有妖邪來盜真炁。若心生一妄，急提正念，眼見一魔，亦急提正念掃去。只用正念煉炁化神，自然呼吸絕而陰盡純陽，即無魔矣。然魔當心不動，萬邪自退。靜中或見仙佛鬼神，樓臺光彩，一切境界現前，一過一次，則心愈靈一次。如得呼吸無，則氣不漏而返純神，是真氣大藥服食已盡，氣已大定神全，煉炁化神之事始畢矣。

上乘超脫口訣

十月神全莫久留，由中遷上出重樓。依師度脫調神訣，三載功成證果修。

九年還虛口訣

運用通神法妙圓，去留由己總隨緣。修成又有還虛理，面壁功深上界仙。

上乘者，神已純全，胎已滿足，必不可久留。如局於形中，而不超脫者，猶可離定而為動，則同於尸解之果而已。當用遷法，以神之由中而遷於上田泥丸宮。既成純神，則謂之見性。加以三年乳哺，乃養神之喻也。當此遷上之時，非只拘神在軀殼之上，須用出神之法，調神出竅，為身外之身。調神出竅，是一至要之機，有大危險之際。初謂其出而即入，不令出久，一步而即入，二步而即入，亦不令見聞於遠境。調之久，出可漸久而復入，亦可漸見聞於遠近而後入。不調者，恐驟出外馳，迷失本性。至於老成，必三年而後可。凡初出者必調。依師度法，出神自上田，出念於身外，自身外收念於上田。一出一收，漸出漸熟，漸補漸足，如是是謂之乳哺三年而神圓，可以千變萬化，達天通地，報國濟世，超昇祖先。可舉念者，無不是神通妙用。欲少留，則且止而佐時；欲升騰，則凌霄而輕舉，謂之神仙。如不欲住世，可用面壁之法，九年大定，鍊神而還虛，可與上上乘仙佛齊肩矣。

修真有入關之囑，故再及之。凡修行勿令人知，不近往來之衝衢。必遠樹林，免

其爲鳥聲風聲之聒耳。丹屋明暗適宜，牆必重垣，坐必厚褥，加以精潔芽茶淡飯，持

素戒葷。小周天運功畢，清靜內守，謹言語，止諸事。行大周天時，宜同志三人，互相

守護，以免顛危。冲虛伍真人曰：「傳盡秘訣，以遇有緣者，因果必不昧也。」

三乘秘密口訣附錄

秘傳用功口訣

靜坐焚香，止念忘情，心死神活。厚鋪坐褥，寬衣解帶，於子時向東盤坐，握固，端身，

直脊，唇齒相著，舌柱上腭。口不開，耳返聽，目垂簾，自元宮迴光返照於臍下。

靜室者，使無喧擾之患；焚香者，誠潔以通靈氣。止念者，斷滅一切妄念。忘情者，物我兩忘，忘情則

復性矣。心死者，妄心已息；神活者，靈明自生；厚鋪坐褥者，使體不倦也；寬衣解帶者，令氣得流神

也；子時者，乃陽氣發生之時也；向東者，取生氣也；盤坐握固者，收攝精神也；握固者，手握拳也；端

身直脊者，使周身之氣能昇降也；口不開者，氣不散也；耳返聽者，精不耗也；目垂簾者，神不昏亦不露

也；目光自元宮返照臍下者，譬如天上日月之光下照於地而生萬物也。

調息緜緜，晝夜功純，以採腎中一點真陽，期於心腎交接，是爲交感神炁以進火。迴

光之久，腎中一點真陽，上與心神相合，須要心息相依。夫一呼一吸之謂息，心息相依，即

水火既濟，使之緜緜歸根復命，以養神炁。若有間斷，化育難成。行功時，腹中覺有融和煖氣升撞不定者，此真陽氣動也。當乘其衝動之機，運過尾閭，自夾脊雙關，逆上泥丸，與神交媾。交媾後，仍化為甘露，即從鵲橋至重樓，自玄膺而下，復至中宮。一升一降，混合玄關，成其造化。除卯酉沐浴外，切要功無間斷，不然則藥物耗散，火候差失，不作丹也。自背後督脈中上來即屬了，自前面任督中下去即屬午。子午抽添，謂之周天火候。升則為進火，謂之抽鉛；降則為退符，謂之添汞。鉛是腎中一點真陽之炁，汞是心中一點真陰之精，妙用在於抽添進退，自然精炁與神，片時凝結，靈體漸具。行住坐臥，念念在茲，如子藏母腹，十月功完，玄珠成象，聖胎已成，真神化現矣。加以謹慎調神，三年養足，形神俱妙，變化隨心，入聖超凡，返還之道畢矣。復鍊還虛，又更上一層也。用功之訣，盡於此矣。百日築基，謂之小周天。陽時主進，呼吸三十六，陰時主退，呼吸二十四，以回復歷年耗散之神氣，使先天之氣神強，以成大周天之功用。小周天功足後，另有晝夜七日開關口訣，緊接大周天之火候。

關鍵訣

修持之法，當先謹言語，節飲食，省睡眠。此三者，修仙之關鍵也。言語太多，元氣耗

散；飲食無度，易生疾病；睡眠過時，精神昏惰。

潔淨訣

凡欲修練工夫，身體、衣服、臥室，皆要潔淨，不可沾染穢濁之氣，亦不可犯潮濕之氣。

身體要常常沐浴，衣服要常常換洗，房間要常常打掃，然後做工夫方有效驗。

民國二十四年（一九三五年）八月翼化堂善書書局初版

陳攖寧　校訂

女子道學小叢書

女子道學小叢書編輯大意

一，精選古今女界中懿行嘉言，短篇著作，足以養成女子高上之人格，灌輸女子優異之智能，此為關於心理一方面者。

二，精選歷代女子修養方法，經論詩歌，足以造成女界特出之奇材，健美女子普通之體魄，此為關於生理一方面者。

三，道學為<u>中華民族</u>之國粹，乃世界各國所無，而為我國所獨有者。以前因女子教育尚未普及，故不能研究此種超羣之學術，今依男女平等之原則，將此種學術逐漸公開。

四，古人著作，深淺不一，有十分玄奧難以明了者，亦有偏於俚俗不能動聽者。今為普及起見，玄奧者必附以註釋，務使讀者易解；俚俗者則稍加修飾，免致大雅貽譏。

五，本書編輯宗旨，乃提倡中國固有之道學，絕對破除迷信，凡稍涉迷信之文字，概不收錄。

編者識

<u>蒲團子</u>按　女子道學小叢書編輯大意一篇。

乃是道學小叢書編輯大意一篇。

女子道學小叢書編輯大意，原載於每分冊之卷首，惟<u>女工正法</u>卷首

坤寧妙經

陳攖寧　常遵先　校訂

校訂坤寧妙經序

　　道學之來源，不知始自何時，其見於記載者，則以廣成子告黃帝之言爲最古，距今已歷四千六百餘年，代代相承，未嘗斷絕。中間雖有時被陋儒之摧殘，及佞佛者之排擠，表面上似乎聲銷跡滅，然而山林隱逸，江湖異人，秘密口傳，數千年仍如一日。惟伊等發誓不著於紙，故局外者無從知其底蘊。於是儒、釋二家經典，汗牛充棟，而真正道家書籍，竟寥若晨星，女子道書，尤爲罕覯。

　　廿載以前，余即有願流通丹經秘本，苦於機緣未能輳合，蹉跎歲月，成效難期。今者幸遇翼化堂主人張君竹銘，堪稱同志，彼此互商之結果，遂有女子道學小叢書之編輯。第一種出版物，即是坤寧妙經，搜集木刻本、傳鈔本、家藏本，共有六種之多。其間文辭各異，字句錯誤者，指不勝屈。乃將六種本比較優劣，擇其善者而從之，自首至末，三翻四覆，修飾潤色，頓改舊觀。

　　雖未敢稱爲十分精粹，但所餘者，亦不過大醇中之小疵而已。

因欲急於應世，故儘先出版，俟將來覓得特種秘本，再行一次校訂工夫，或可達到盡美盡善之目的。此則有待於他年矣。

中華民國二十四年一月黃帝紀元四千六百三十一年皖江陳攖寧識於滬上弘道軒

講經須知

一，女子學道，每苦於無書可閱，無經可講。雖有許多好道之人，因一時尋不著門徑，往往誤入歧途。種因既錯，結果全非，殊堪浩歎。此經行世，若有精通玄理之士，熟讀經文，潛心研究，因時制宜，隨機說法，令大眾普聽，解行相應，未嘗非女子學道前途之曙光也。

二，此經首言造化生人之原理，繼言女子品德之養成，繼言身心性命之根源，繼言金丹玉斗之秘訣，繼言發心實證，同參玄妙，共躋仙班。所有坤道修鍊普通應有之方法，包括已盡，切合女子心理與生理上之需要，若能善於演講，必能效果宏收。

三，佛教法師講經，常有在家婦女參雜於僧尼居士之中前去聽講。眾人合掌他合掌，眾人膜拜他膜拜，眾人唱誦他唱誦，眾人閉目低頭瞌睡，他亦閉目低頭瞌睡，有時忽然驚醒，勉強撐持，窘狀百出。迨聽講已畢，試問其經文義旨所在，都茫然莫對，僅以「不懂」二

字回答。如此聽經，若說能得聽經之利益，未免自欺欺人。攷其不懂之原因：一由於經中義旨不能適合於婦女之性情，自覺格格不入；二由於講經之人，僅以單調的及乏味的說辭，敷衍而過，不能振作聽眾之精神，遂致滿堂入於催眠之狀態。故佛教講經，僅成爲一種儀式，徒壯觀瞻而已。

四，講《坤寧經》者，須要設法免除第二條佛教講經之流弊，講堂之中，溫度要適宜，空氣要流通，一切儀式，一切陳設，隨時隨地，斟酌變化，不必十分拘泥。若財力不充者，僅焚少許名香已足，其餘陳設，概從省簡。最要緊者，須使聽眾心靜神凝，勿使聽眾昏昏欲睡。

五，講師之資格：（一）要通太極陰陽、五行八卦之哲理，（二）要知中國古代女界名賢之歷史；（三）要識身心性命之根源；（四）要明女丹修鍊之工法。四種學問，若缺其一，即不能解釋此經。

六，講經之時間，每次以一小時爲限，若多講恐聽眾易於忘記。好在經文不繁，全部共計十八章，每一次講一章，十八次即可講畢，每二次講一章，三十六次亦可講畢。至於一日一次，或二三日一次，或每星期一次，臨時決定可也。

七，講室中要預備黑板、粉筆，若遇有關經義之文字，可以臨時寫出，便於聽眾作爲參攷之用。

八，關於女丹修鍊實行口訣，有不便公開演講者，概依前人傳授規則辦理，講師不可破壞古例，聽眾亦不可強迫要求。

坤寧妙經

陳攖寧　常遵先　校訂

資生章第一

兩儀氤氳，資始於乾；萬物胚胎，資生於坤。維坤亨貞，承乾順應；蘊蓄凝結，其道以正。載物之功，匪坤莫成；配天立極，惟一惟貞。陰陽不忒，神妙化生。物物藉之長養，息息得之常存。旨哉生生之理，微乎化化之源。寓至動於至靜，分清流於濁淵。欲知婦德綱維，先辨坤元奧窔。地無不載之天，陰有含陽之妙。明四行以樹芳型，却七情以歸至道。節義標青史之傳，精魂證紫宮之號。談經立千古母儀，秉筆垂羣蒙女教。資生之功，首宣大要。

化氣章第二

陰陽迭運，循環無端；晝夜遞遷，健行不息。氣有二至之分，運擅三元之妙。化機

泯跡，樞紐乎中；體用攸關，互藏其際。瀰淪磅礴，始無而見有，仍終有以歸無；渾灝

流通，自實以成虛，即從虛而證實。虛虛實實，究莫名虛實之端；有有無無，亦難測有無

之兆。先天太極，造化根源，人物生機，乾坤大道，惟婦女者，得坤之體，承乾之功，靜一而

已。靜專於寧，一純於德，不識不知，順帝之則。本翕受之真機，合身中之日月，縣縣任其

自然，息息歸於根穴，汲水府之清泉，養靈臺之皓魄。解悟玄微，瑤池仙客。

淨業章第三

欲躋仙階，務除惡業；　去惡未淨，樹德難滋。　若彼心迷於慾，情鍾於愛，或流連宛

轉；或嬉笑悲啼，或絲藤不斷，遂牽引以沉淪，或羅網誤投，竟含冤於末路。夜臺悽

切，空憾情理；泉壤飄搖，猶留愛蒂。如斯纏縛，焉脫輪迴？欲出迷津，惟憑慧炬。身

口意業，永不招愆；殺盜邪淫，慎毋輕犯。一誠奉善，似嘉穀之朝陽；萬念潛消，如沸

湯之沃雪。潔清源本，方好修持；　覺悟因緣，不難證道。

修善章第四

塵業盡淨，掃渣穢而心地擴清；　夙過胥融，闢荊榛而性天朗照。　虛靈透露，彝好攸

徵，打叠精神，專修懿行。積善餘慶，不善餘殃；載諸坤卦，良意深藏。太上之道，專氣致柔；楚書之辭，惟善爲寶。柔性和順，能用則正；善歸於柔，慈祥謙遜。蕭志端莊，歛躬溫清；冲虛雍穆，貞一妙應；養氣寡言，清心無競。惜物命以蓄生機，參道要以明真性。既克敦乎倫常，復潛修乎玄蘊。不泥繡佛空談，須究還丹心印。勿以小善不爲，勿以人善是憎。和光風月之中，適性簾幃之內；炷香敬禮自性元神，酌水清修光明寶藏。莫謂女界無傑出之才，須知玄門有坤寧之妙。

崇德章第五

天有五賊，用之則昌；人有五福，修之則良。大德不德，如川之流；小德積德，敦行而化。體也艮止，用也變通；有得於中，跡象胥融。大化謂聖，神不可窮。女修之功，先去懣焉。關鍵奚云，辨惑爲真。維女子見，多失陰僻，曖昧狐疑，猶豫不已。故其情欲每易嬌癡；而其知解，常多回惑。矧於典籍，更少覽觀。宦門淑美，徒博錦幃繡閣之華；紳族名媛，不過詠雪吟風之學。拈針刺繡，已擅閨奇；膩舞情歌，更誇艷跡。豈知貞靜之懿徽，罕具清高之令德。昔者北郭辭官，蜚聲於楚國；孟光舉案，推譽於梁鴻。然而大家作訓，語焉不詳；列女有編，傳之未備。兹特妙演坤寧，用垂閫範。蘭房秀質，

惟德是基；芳蕣佳才，能崇是望。初終毋替，永固根基。

女教章第六

蒙以養正，作聖之功；坤而元亨，用柔之道。古有賢女，以身立教；蕙質天成，蘭言則效。守貞不字，閨壼十年；溫情婉若，慧性幽嫻。和以馭下，莊以修己；動容出辭，準乎法紀。龜鑑鴻篇，曾傳女史：或孝感夫神明，或忠堅於男子，或節凜乎秋霜，或烈同夫杲日，或義可以貫金石，或俠可以激風雷，或智足破大疑，或才堪濟一世。歷稽美德，千古餘香，抱彼休風，百年增色。爾諸閨秀，精鑒前型；毋慕虛榮，毋矜文彩。鉛華洗盡，不誇艷服奇妝；潔修中饋，務實體於儉勤。柔德是正，令名克成，更敦倫好學，說禮明詩。專事織裁，毋徒飾爲纖巧；筆采端凝，莫繪綺詞麗句。致功於內外，鍊氣於朝昏，是童女身而得道，可駕鸞鶴以飛昇。能陶其真性，保其元精。

婦道章第七

婦道尊嚴，修持必要，敵配於乾，母儀攸好。結悅之期，慈親訓詞，必敬必戒，無違夫子。夫婦之倫，人道之始；御家有教，正室有禮。鹿車共挽，牛衣不恥；井臼躬操，糟

糠非鄙。閒事莫干，中薲勿齒；既助家長，用誨兒孫。若彼敬姜務績，孟母三遷，丸熊助

讀，封鮓養廉，隔紗受業，截髮留賓。昔賢既往，誰嗣徽音？凡諸富貴之家，必去矜驕之

態，門內興仁興讓，後世乃美乃馨；或操貧賤之業，須絕嫌怨之萌，齊眉可飽可歡，子孫

必礽必雲。戒貪嗔以平戾氣，醒癡愛而杜荒淫；苟婦德之無忝，斯人道之有成。善慶則

宜男益壽，福報則身泰名榮。懿美克臻，玄修可尋，既迪爾以本職，更誨汝以真經；溯源

究本，見性明心，金丹無俟外覓，坤基即在本身。

經論章第八

皇古渾穆，氣物淳樸；爕理陰陽，純熙噩噩。名象何分，邱索奚作；中古義農，畫

圖演卦。書契既闢，乃立教化；垂典編謨，盛自虞夏。然所著書，總此心傳，未有區

別，無分男女。矧茲稟賦，同具一元；雖異其形，乃同其理。惟精與氣，神爲之主；或

清或濁，心君是省。寡慾忘情，築基鍊己；玄牝翕和，潮信滅影。本庸近之常經，起塵埃

於天頂。定觀即克己之功，黃庭隱真人之容。西華宣妙化，金母挹靈風。全形毋俟尸解，

鍊炁直入穹窿。童貞無交感養育之傷損，易變形而啟蒙；婦女多濁漏胎產之破壞，務潔

志以修容。私慾悉捐，萬感俱泯；廣參經論，入眾妙門。

覺迷章第九

茫茫塵海，滾滾風濤；水陸滄桑，古今朝暮。浮生如寄，嗟五濁之形軀；幻夢終宵，歎百年之荏苒。雞皮鶴髮，難駐紅顏；玉貌花容，瞬埋青塚。或累多於子女，或習染於紛華。不求早出迷涂，焉能常留凡境？生時既已渺茫，死後如何超脫？所幸女性幽嫺，故爾婦修穩妥。牢固金精於玄室，斷除天癸於層關。功邁絳雪之丹，神遊閬風之苑。笑粉黛之嬌嬈，等優伶之忸怩。乘茲普渡機緣，快上法船歸隱；古昔證道女真，皆住蓬萊峯頂。喚醒枕側癡迷，莫認眼前光影；須知還返工夫，急速下手加緊。清淨源頭性命基，坤元妙理少人知；一痕曉月東方露，窮究吾身未有時。

坤基章第十

二氣交結，中黃應玄；五行相生，惟土斯全。其德安定，其功積厚；其性專一，其用真常。含育萬有，滋息繁昌；上配乎天，下通乎淵。凝和百脈，灌溉三田。黃芽出土，見藥苗之新嫩；白雪凝酥，識冰壺之妙音。固元精於玄牝，入一念於杳冥；下手先須克己，用功只在存神。四威儀中寂照，內觀想裏安心。直至天君泰定，方能運動周行；

苟不得其真諦，百般盡屬虛名。譬諸蓋屋，首要築基；喻彼燒爐，先須種火。五行攢簇，結中宮靈臺之緣；四象安排，衍坤維丹室之奧。不識玄關，難言至道。常明根本於生身，究厥性命於仙教。即心即道，道斯可造。

根本章第十一

為人在世，不論男女，能知本根，即可入道。本乃性原，根為命蒂。譬彼樹木，必培其本，本既堅固，方可滋生。又如花菓，先發在蒂；蒂既含蓄，斯可成熟。人之根本，胡可弗保；溯厥本來，其根原固。何甘戕伐，自作損傷；滅性輕生，淪於眾盲。致令元始以來一點靈光，逐漸消蝕，必竟沉淪。試思宇宙萬類，莫不各有根本；極之微渺動物，亦能善養其生。豈可人類，而不如物？雖然血氣不和，根本難立；色身有漏，根本難全；孕育多胎，根本難固；愛情染著，根本難堅；愚濁混淆，根本難清；神志昏亂，根本難安；貪私擾攘，根本難淨；習於詐偽，根本難純。故爾修功，不能精進。能知諸弊，一掃除；毋搖爾根，毋傷爾本。爾性爾命，勤於照顧；爾精爾氣，時加保護。安神守真，去妄存誠；惟本是究，即可長生。

坤寧妙經

一〇九

性命章第十二

命原於性，性根於命；爲天地祖，爲萬物靈。未立命時，本同此性，既有命後，不離此性。彝良之好，人各具足，雖有男女，性無差別。究厥本初，性亦不名；太極未判，性命何分。兩儀既生，始見性命；性爲命寶，命爲性源。養性即是存心，修命可以造道。毋自委之命定，是輕視夫命也；毋飾言爲性惡，是妄解夫性也。欲知性命根源，須究乾坤妙用。陽裏含陰以受質，月中抱日以生光；本來互用之天機，即是性命之妙理。動於無始，動極而後有陰；靜於無終，靜極而後有陽。一陰一陽，清濁上下，乃見造化。陰陽動靜之根，性命身心之要。一靈覺照，性海常發智光；萬有皆空，命門獨開生路。全性則全受全歸，修命即修仙修道。交互有功，於斯爲至。

心體章第十三

心體無爲，湛然常寂；朕兆未露，化機泯焉。無極渾淪，默默兀兀；太虛罔象，妙絕等倫。危微精一，已落知解；溯厥本來，心體何在？陰陽肇判，則有主持，強作樞紐，名爲天心。以先天炁，用後天神，以後天質，命先天名。是故天地以之立命，人物以之安身，唐虞以之授受，聖賢以之存存。究萬有於一原，歸三教於一真。惟真惟一，常惺

常明；虛靈不昧，其體光瑩。能知道心即人心之本，乃見人心即道心之用。說道心即非

道心，說人心即非人心；說有心而心不見爲有，說無心而心不見爲無。不動妄心，而動

覺心；覺心常照，妄心常空。本體如如，真心乃見，操存舍亡，猶是工夫。操舍兩忘，

心齋獨得。四勿之語，歸於自然。寒潭月映，止水空明；心體湛然，亦復如是。性善性

惡，皆是假名，道心人心，千古紛紛。泥文執象，莫究本真；先天後天，孰合孰分？吾

爲爾等開示心體，但求道心，莫究人心；但發真心，莫生妄心；但存覺心，莫動欲心；

但住無心，莫執有心。如如泰定，百體從令；修道修仙，隨心所證。

指玄章第十四

玄本無指，指即非玄；即無可指，玄亦難言。所言爲何，虛空即是；玄中之玄，是

名了義。心性寂然，虛空粉碎；無體無形，何有旨趣。然此妙法，爲最上乘；玄之又

玄，莫可名狀。清淨道身，方克臻此；頓悟性天，直超無際。中材以下，妙理難聞；茲

爲導引，開方便門。義雖第二，道則同歸。志修真者，以斯爲依。夫道妙蘊於玄微，而精

神凝於玄牝。生門死戶，出坎入離，無踰乎此，玄爲之關；橐籥陰陽，安爐立鼎，莫外乎

此，玄爲之鍵。是此玄者，乃性命主，乃造化基，乃胚胎種，乃元神宅。故有五玄之名，以

立三才之極。心肝脾肺，各有所藏；然而精元，獨歸腎海。此即人身樞紐之所，又爲星辰歸宿之地。百脈循環，總會於此；三車搬運，發轫於此；男女修真，皆在於此。玄乎玄乎，窈冥恍惚，有中之無，無中之有。我欲指之，究無可指。知此玄妙，然後採藥行火，自能七返九還。若無鍊己工夫，終難築基下手。歷代仙聖，言之詳矣。指點真機，大丹易鍊；普結坤緣，同成法眷。

金丹章第十五

萬劫真修，千秋絕業，嗣音莫遇，孰辨焦桐？剖玉誰能，焉知荆石？兔狐乳馬，異類相求；燕雀巢鳳，小德自妄。以斯種種，希學長生；擔肩大道，何殊負山？生死未明，刲乎丹旨奚識？不墮旁門，寧甘休息？舉世學人，大都如此。睇觀海宇，良可悲悼！短乎女子，未悟玄微；深坐閨中，徒延美景。縱有志趣，何從得師？憫爾柔姿，用開捷徑。法取其實，義無支離。即一身中，窮源溯本。女丹甚簡，坤道甚易。曉日東昇，光痕逗露，運汞配鉛，神氣俱住。積氣本生氣之鄉，存神爲鍊神之路。必先絕慾忘情，然後入室打坐。鍊己同乎男修，調息緜緜勿助。一陽動處，行子午卯酉之功；百脈通時，定乾兌坎離之位。玄牝立而鼎發黃芽，橐籥開而天垂甘露。元精凝汞上泥丸，神火運行燒玉

峯，謹審信潮將至候，逆轉黃河水自通。金精化液，朱汞流光，守靈丹於元室，養真氣於黃房。七七固丹基，百日赤龍降。鍊形即鍊氣，此是大丹方。

玉斗章第十六

天有七政，秉璇璣之權；人有七竅，妙形神之用。脈絡通乎躔度，星辰會於玄竅。解悟玉斗樞衡，立躋天真位號；用施普度津梁，導爾直入仙鄉。凡諸婦女，虔潔心香，每於靜夜，子轉一陽，凝神端坐，定息垂光，叩齒聚精，默誦靈章。注神元海，直過腎堂，由夾脊關，上朝玉皇。星精運印，天日焜煌，上接北斗，紫氣眉揚。存想真形，照我黃房；丹元靈府，光華含吐。青赤白黃，木火金土，腎水玄精，成色有五。直與斗光，交映爲伍；共入丹元，蘊諸精海。化真人形，迸出天頂，歷北極宮，志誠朝禮，周遍斗城，還歸本體。收歛金光，育精洗髓。五氣朝元，功無踰此。勤而行之，三年遐舉。是爲玉斗秘密之章，最上一乘之旨，智者真修，有緣得與。

實證章第十七

修道修仙，希聖希賢，總無男女分別，惟在心志專虔。至誠無息則久，神而明之在人。苟能躬行實踐，自得智慧圓通。欲聞大道，須解真修；修不能真，證何由實？須知實

證，不事枝葉；窮理盡性，以至於命。跳出樊籠，臻於聖域。世俗修行，盡屬循名，以循名故，遂無實際，歿身不悟，深可悲歎。雖曰三教皆有實證，然其果位未必盡同，初終體用，偏而不全，執其一端，鮮克有濟。爾等須知，女子修行，工分九級，級分三步，三九累積，二十七層，性命雙修，斯為大乘。明體達用，徹始徹終；陽神普化，光滿虛空。空不著空，何空非實？內蘊玄機，陰陽消息，湛寂圓明，了然真際。願爾羣倫，究心斯義，核實用功，毋循名譽。太上忘情，泯絕思慮，實證非虛，志向上去。

發心章第十八

太虛冥漠，法願宏深；苦海無邊，回心即岸。現在未來一切善信，秉此心香，同誠矢願。發真信心，無起疑惑；發精進心，無起怠惰；發決斷心，無起牽纏；發謙下心，無起驕慢；發向上心，無起凡情；發清淨心，無起慾念；發慈悲心，無起殺害；發智慧心，無起貪嗔；發圓通心，無起執著。願諸惡莫作，願眾善奉行。

民國二十四年（一九三五年）二月翼化堂善書局初版

女功正法

靈陽道人　原著　陳攖寧　刪訂

女功正法陳序

此書原名增補金華直指女工正法，題爲「掌領坤教青霞元君靈陽道人何仙姑奉敕述」，蓋乩筆也。首有「說」一篇，乃光緒六年純陽子作，亦是沙盤中語，雖有千二百字之多，皆雜輳成章，腐詞濫調，僞託呂祖，故不錄。又有道教、儒教、釋教、邪教四篇，既無關女丹之事，且所論三教大旨與其歷史，頗多掛漏，而邪教一篇文字，尤不雅馴，故皆刪去。從第一節起，至第六節，皆言女丹功法，雖似乎勉強造作，非法於自然，但其法由來已久，學者不可不知；第七節嫌太簡；第八節、第九節論及陽神，夾入許多佛教名辭，頗異於仙家專門術語，今亦姑存其說，而不可以爲訓也；第十節無關重要；第十一節僅是作書者之理想，皆不足論；附錄二則，聊供參攷而已。原本卷後尚有七言絕句十六首，名爲女功正法捷訣，其運用皆與以前各節相同，不過重說一遍耳，故從省略。

讀者須知，神仙之學有四大原則：**第一，務實不務虛；第二，論事不論理；第三，**

貴逆不貴順；第四，重訣不重文。凡審定丹經道籍，皆當本此原則以求，庶免迷惑。今觀此書所言者，事也，非理也；所行者，逆也，非順也；所傳者，訣也，非文也。對於第二、三、四各項原則皆合，惟作書之人不用真姓名，而假託於呂純陽、何仙姑，未免虛而不實，與第一項原則不合，故將書中顯然乱筆處概行刪削，去其偽即所以存其真。世間智士，當有同情也。

中華民國二十四年六月　黃帝紀元四千六百三十二年　皖江陳攖寧識於滬上

女功正法

原著　靈陽道人
刪訂者　陳攖寧

總論

男子二八精通，精盈則洩；女子二七經行，經滿則溢。人欲無洩無溢，必須知風知火。火即元神，風即真息，神息相依，由觀而得。

法從目中玄竅，視入炁穴之內。炁裹神凝，都由意攝；天然風火，交無運休。易精益氣，易氣益神，神圓形化，身外有身。

訣云：「但能神息常相顧，換盡形骸玉液流；只因久視長生窟，鍊出陽神現頂門。

要知萬物生皆死，須悟元神死復生；能以心神居炁內，嬰兒安養定功成。」人能本此修爲，何患內丹不就？

法以衝任督脈，運在內外中關，惟是女修略異。功始上關乳溪，繼在中關臍內，終歸下關子宮，復將中下化爲一穴。

男子鍊精，名曰太陽鍊氣；女子鍊血，名曰太陰鍊形。

火風之秘，候宜文武。武在中間，文用始終。周天運行，不離觀止。一日之內，十二時中，意之所到，皆可爲也。先天之炁，後天之氣，能得之者，日常似醉。

世俗女子，習染太深，貪食葷腥，易生慾念。見人婚嫁，中懷自怨；春感秋傷，致生怯病。多食生冷，更增經滯；復遭誘惑，身名俱敗，抱恨終天。人當鑒此，莫造孽緣；忍者自安，悔者自樂。意似捧盈，心如止水；時傚金人，緘口藏舌。動靜云爲，保貞全節；打破情關，跳出慾海。

身中天癸，養命之源。急求功法，鍊化成真。功積人間，神歸天上。汝等修士，各自勉旃。

此篇約九百四十餘字，似是乩壇訓示文之類，語多無稽，今刪去大半，僅存四百餘字。

第一節　識基潔心

若要識基，先須潔心。一塵不染，萬象勿迷。心空欲淨，自然定靜。如鏡之明，如水之澄。心既潔矣，即求識基。

女原坤體，陰背陽腹。乳房外竅，乳溪內穴。第六重樓，六分半處，與十重樓，外闕相對。坐先跨鶴，腿膝交叠。緊閉下關泉扉，得固元炁；運動上關乳溪，下免洩漏，中關臍內，一寸三分。

欲無五漏，須守三關：耳常內聽，目常內視；口閉不言，炁納乳溪；神凝金室，性定覺海；意注丹宮，歸一惟觀。金母觀心，老子觀竅。佛觀鼻端，端即鼻尾，名曰山根，在二目中。至聖顧諟，當止之處；允執厥中，至善所在。

攖寧按　佛觀鼻端這個法門，見於佛教楞嚴經「孫陀羅難陀，觀鼻端白，見鼻中氣，出入如煙，煙相漸銷，鼻息成白」。設若觀山根，如何能看見鼻息之出入？

又按　鼻端之「端」字，在字典上，作「首」字解。首即頭也。所以鼻端就是指鼻頭而言，決不是鼻尾。無論觀山根的法子如何高妙，總不是佛觀鼻端的法子。山根與鼻端，上下地位不同，後學切勿誤會。

二六時中，觀其未發，七情無有，五蘊原空，心常自在，活潑潑地。若吾呂師，道源玉清。凝神氣穴，注下丹田，意由目中，引入炁穴，先天炁來，後天氣入，刻刻存之。

女以乳溪，爲上丹穴；臍後腎前，即爲中關；牝戶下關，子宮大鼎。亦由目中，引入乳溪。臍內子宮，一脈相通。先天種子，命之本源。

男子元精，至陽之炁；女子真血，至陰之精。生身之寶，萬化之根。男藏命門，即是炁穴；女藏牝戶，即子宮中。慾動難留，心靜可保；然須風火，鍊化常存。

第二節　修經起用

女子二七，經行血虧。雖是月月信水再生，實是月月皆有傷耗。有志修經，鍊之化之。年老已絕，先使之來。莫食生冷，方免血瘀。**攖寧按** 習慣相傳如此，但不必拘泥。蓋因經水乃命之根基，起鍊之法，意似有爲。易益血氣，不復再傷。有爲無始，無爲有終。**攖寧按** 此書文字，頗不明顯，容易誤人。即如「有爲無始，無爲有終」二句，讀者未必能解。作者本意原謂，有乃無之始，無乃有之終，如此而已。至於上文「意似有爲」一句，是說自己意念似乎有所作爲，比較「有爲無始」句中「有爲」二字，大不相同，讀者須要分別觀之。

有處着力，後天氣通；無處用意，先天炁盈。日隨意至，神息相依；易

血益氣，鍊氣養神。從中關起，意似著力；往上直提，三十六次。提到上關，左右各旋三

十六次；再到乳房，左右各旋三十六次。天谷不熱，炁未上升；地泉不熱，炁未下降。

意領目注上中二關，兩手叉臍下泉上。意似著力，往上直提三十六次。提到乳溪，再到乳

房外竅之內，左右各旋三十六次。

第三節　斷龍工法

斷龍秘法，工兼有爲。子午二時，坐如跨鶴，叩齒七二，通肺俞穴。意用後天，鼻息自

然，三十六次，周身脈通。**【攖寧按】**此段文句太簡略，恐人難明，今特加以解釋。所謂「叩齒

七二」，所謂「三十六次」者，就是鼻息三十六次。一呼一吸，名爲一息。三十六息中，若依呼吸計算，則呼三十六

次，吸亦三十六次，共計七十二次，與叩齒之數相同。蓋每一呼叩齒一次，每一吸又叩齒一次。所以鼻息三十六次，叩

齒則有七十二次。

脚跟緊抵泉扉，兩手交叉臍下，意似著力，往上直提三十六次。提至上關，意用目旋，

各三十六。再至中關，意用目旋，各三十六次。手向天托，緩三十六，緊三十六。

尾閭忽動，兩手叉腰，緊咬牙關，兩肩直聳，夾脊雙關、肺俞皆動。意將頭背往上直

聳，上之玉枕，通至泥丸。再將下唇緊包上唇，意將真炁，上送泥丸，下近鼻竅。

舌搭天橋，甘露自來，用鼻一縮，津隨意嚥。送至臍下，手安牝上，意似著力，直至子宮。三十六次，甘露入鼎。熱焏盤旋，腳跟緊抵。身心俱定，子宮安靜。魏元君曰：「寶歸北海，安靜妥妥。」

第四節　鍊乳還童

乳房上通心肺，下澈氣海。若要鍊乳如童女形，功在斷龍法內。加送甘露，直至絳宮，意注兩乳，左右各旋三十六次。唇門上下，牙齒咬住；鼻孔關閉，用內呼吸。在乳房內，以兩手心，各左右揉七十二次。先緩後急，先輕後重，百日功全，成核桃形。

昔鳳仙姑鍊乳訣云：「左日右月一陰陽，鼻息內行名運罡，欲得陰陽歸日月，必須真火鍊雙掌。」

攖寧按　「雙掌」在別種書上作「雙房」。

第二節至第四節，三段功夫，雖然說得明白，但初學之人，看了此書，自己須要慎重，不可輕舉妄動。最好是多看幾種書，將理路弄清楚，能夠融會貫通，方可試做。並且要十分細心，一有障礙，立刻停止，否則恐怕做出病來。單靠這一種書，決難應用，我發願將自古今女丹秘籍十餘種，完全宣布流通，公開傳世。或加註解，或加校訂，或加補正，俾成為古今女丹訣最完全的一部叢書，將陸續出版。以前

女子修鍊，所困難者，就是無書可看。現在看書的問題，是已經解決了，你們必須多看書，多研究，再尋訪已經做過此種功夫的人，與他討論，或者能得到一點門徑。

第五節　安鼎結胎

男以下田、中田、上田爲鼎，女以子宮、臍內、乳溪爲鼎。子宮離下丹田一寸三分，離臍二寸八分，又在上關乳下。上乳溪，中臍內，下即子宮。部位由外而內，運用由內而外。男無子宮，以下丹田爲大鼎。此所以名同有異。**攖寧按** 丹經言鼎必言爐，鼎在上而爐在下。此書有鼎無爐，而且上中下三個部位，都名爲鼎，不合古人之成法。所謂一寸三分，二寸八分者，皆難作準。學者不必拘泥，免受其誤。

呂師金華集，二目迴光，由二目齊平之間，一意專注，至下丹田。女於斷龍工法行後，安靜數刻，意由二目中間，迴光注至乳溪三十六次，注臍內、注下丹田即子宮各三十六次。意引華池水到上鼎，引心肺二液到上鼎，意將海中真金送到上鼎，而後意似著力送下至中鼎，再送至大鼎，盤旋十八次。內熱火升，鼎安胎凝矣。**攖寧按** 此段作用，文義亦不明白，初學恐難以照行。

第六節　胎息自調

呼吸能免風喘粗淺等弊，鼻息即調，息息歸根，便成胎息。息行脈動，息住脈停。古書云：「服氣不長生，長生須伏氣。」真息運行，即能伏氣。斷龍工後，再靜一時；七情未發，雜念不起。於是足抵泉扉，唇合齒藏，意隨目光，注在心腎相去三寸八分之處，左旋右轉四十九息。甘露自來，如嚥似提。提即歸臍，炁即凝矣。久成胎息，不呼自呼，不吸自吸，不提自提。牝戶之內，闔闢自然，和緩如春，丹自成矣。

攖寧按　從調息以至胎息，中間之現象，未曾說明。所謂心腎相去三寸八分之處，亦不足爲據。此節文句略有刪改，功法概仍其舊。

第七節　液還胎成

男工河車，神火息風，日採歸爐，鍊成小藥，炁足神圓，便成大藥，五龍捧聖，運合天然。由下遷中，益氣養神，再遷上田，先透頂門。玉液還丹，醍醐貫頂，陽神鍊熟，即曰神仙。

若問女子玉液還丹，便是赤龍化爲白鳳，充滿下田，恍如胎孕。功滿炁化，神光圓足，

透出頂門，鍊就陽神。玉液還丹，醍醐貫頂，不離前功。須如大士，普陀頂上觀妙音也。

攖寧按　論女功處，太嫌簡略，不足爲法。

第八節　鍊化陽神

易精益氣，鍊氣爲神，男之內丹；易血益氣，鍊氣爲神，女之內丹。都用火風。若女之斷龍，在化血成炁。又云：「調息化氣成神。」若炁不鍊，則神不足，形亦不著，只爲陰神，不成陽神。

法於入靜，用六字訣。意用「唵」字，從臍內起，居中丹田，左右各旋三十六次；意用「嘛」字，東方肝部，左右各旋三十六次；意用「呢」字，南方心部，左右各旋三十六次；意用「叭」字，西方肺部，左右各旋三十六次；意用「咪」字，北方腎部，左右各旋三十六次；意用「吽」字，上至泥丸，左右各旋三十六次。意居中，統魂神魄炁，總歸於頂，鍊化成陽。陰居大鼎，靜以守胎。再將「唵」字，意運中關。九次工成，陰升陽降，會合中鼎，光圓頂門，而爲大士坐普陀頂，觀世五方自在妙音。

第九節　陽神光圓

玉液還丹，陽神未純；南海得珠，陽神光圓。比如大士坐普陀頂，觀世五方自在妙音。心即紅兒，五十三參，至誠皈依，意根返元，六根解脫，神自圓明；腎比龍女，手持寶珠，上獻當前，光包十方。心腎既交，神炁自合，結成真種，養育聖胎。

紫竹隔住，肝性仁也；白鸚飛舞，肺情義也；金木交併，性情合也；虎伏龍降，水火濟也。清靜寶瓶，喻肺之液，楊柳枝兒，喻肝之尾。華池津液，比如甘露，泥丸頂上，穩坐普陀。法用哆囉，意用唵字，入真息處，即大鼎也。寶安魚籃，投至臍內，口中似念，伽囉伐哆。專意無分，一切婆娑，定慧通圓。任他南海，波浪滾滾。元陽炁足，神火光圓，大藥沖關，吾只自在觀自在也。此部大法，玄妙真機，較斷龍法，更爲佳妙。如此九轉，即得七返。功歸臍內，陽神現頂。寶光上升，形神俱妙。功德圓滿，玉詔即臨。

第十節　溫養朝元

大鼎已安，大藥已得，聖胎已成，陽神已現。還須溫養，乳哺三年，面壁九載，定息緜

縣。意一無分，神息相顧。三千日內，如保赤子。刻不忘此，無須臾離。二目垂簾，光隨意注，存於內竅，靜而愈入。炁煖如春，甘露頻生，氣運周身，始自子宮。後升前降，河車自轉，易化凡軀，成我真形。

男子朝元，白光透頂，次黑、次青、次紅、次金；　　女子朝元，黑光透頂，次紅、次白、次青、次金。功足光圓，五光會一，地雷自鳴，天門自啟。陽神一出，一出便回，先近後遠，切莫自迷。當此之際，便宜慎之。

第十一節　功成超凡

陽神出入自如，真我遊行自在。且住人寰，廣立功德，德深緣至，真師來度，引見上帝，次拜諸天，後到瑤池，朝見金母，授職爲仙，是爲超凡。

附錄一　先治經病

胎前產後，經閉成疾。功加揉腰，三十六次，左右如之。兩肩上下，各三十六，左右如之。加摩臍心，兩手交互，各摩七二，內熱方止。

血崩帶下，前功加一逆吊虎法：橫木懸空，兩腳倒掛，形似金鉤，手指撑地，意注臍

下，左右盤旋百二十次。每次子午，兼治閉經血瘀血瘕。

前功內加順釣金鰲：橫木懸空，合掌順掛，腳尖至地。二目垂簾，低頭觀心，三十六次；意隨目視臍下六分，三十六次；目觀病處，亦三十六。諸病類此，一一推之。秘用心神真火治疾，乃魏元君、崔鳳、孫麻團、魚瞅鱉治病秘法。

附錄二　經絕引還

月水已絕，先須引還。斷龍法內，意往上提，改往有送，左右各旋，改為各揉。百日經來。三日之後，仍用前法。百日功滿，後即斷去。

民國二十四年（一九三五年）七月翼化堂善書局初版

女丹十則 皖江陳攖寧　删訂

讀者須知

一，此書無著者姓氏，舊題爲「華藏山清烈古佛撰」。此種名稱，太覺淺陋，作書者雖不欲用自己真姓名，然何必僞造佛號乎？故削去不錄。

二，此書雖標題十則，然第五則與第六則，內容大致相同，第十則所論，又太覺空泛，無另立一條之必要，故於此三則中，皆大加删節，免得惹起讀者之厭煩。其他各則，亦有删節並改正。學者若將原本與此本對照，則知有不能不删改之理由，非多事也。

三，除本文而外，凡有余所加之按語，讀者切宜注意。因爲那些評論，都是經過數十年的閱歷，方能寫出，不是像別人做文章，隨便亂說，毫無憑據。

四，附錄〈坤訣〉一篇，雖不敢斷定確屬孫不二之手筆，但文字亦簡潔可喜。至於傅金銓的註解，惜其滿紙喻言，恐學者難於領會。篇末「黃芽白雪」四字之來源，余說得甚詳，讀者應當研究。

五，女丹經內藏真訣者，自古及今，遍國中只有二十餘種，不能算多，學者必須全讀，方能得其門徑，然後再尋師訪友，實地練習，庶幾可望成功。切勿一知半解，自滿自足。

中華民國二十四年七月黃帝紀元四千六百三十二年皖江陳攖寧作此代序

女丹十則

皖江陳攖寧　删訂

第一則　養真化氣

攖寧曰　道家工夫，貴在口訣，至於文章之優劣，殊無足重輕。故嘗有理論不圓者，或字句欠通者，或見解卑陋者，或夾雜迷信者，皆能使人生鄙視之心，遂致其真口訣亦湮沒而無聞，甚可惜也。余今編輯此書，蓋欲度中材以上有學識之女子，若概依原本錄之，未免貽譏於大雅，茲特撮拾其精華，削去疵累。雖未盡臻純粹，然已較原本爲可觀矣。

女子修行，與男子有別。　男子陽從下洩，女子陽從上升；　男子體剛，女子體柔。男子常保守丹田之陽精，不使外洩，積之既久，用身中真火煅鍊，使精化爲氣，氣化爲神，神化爲虛，而證道矣；　女子乃陰體，須用乳房靈脂，變化氣質，久久運鍊，自然赤反爲白，血

化爲氣，血既化氣，仍用火符進退，亦能氣返純陽，了道歸眞。故女子初工，先鍊形質，後鍊本元，不似男子之工先鍊本元，後鍊形質也。中略。

何謂養眞？凡人之心，最易搖動，若使其常守於內，便生厭煩，故起手先教以養眞之法，自然厭煩少釋，四體安和，方能再求進步。中略。

平日坐鍊之時，必須從丹田血海之中，運動氣機，照著心內神室，覺有淸氣一縷，自血海而出。定久之際，其氣必動，隨其氣機鼓舞，向上飛騰，衝到泥丸，復轉下降。斯時微以意引之，隨着氣機從泥丸降下重樓，此時切不可用意，恐傷形體，即隨氣機自重樓下至兩乳間，內有空穴，凝聚良久，若有動機，照前行持。不過四五十日，其氣已透，血化爲氣，赤反爲白。斯時丹元已露，道心已誠，若能堅持靜守，朝夕不懈，時刻用功，何患大丹不結，女仙不成者哉？

此乃女修第一步工夫，果能行到極玄極妙地位，以後工夫，皆從此前進。學者勉之。

攖寧按　當氣機從泥丸下降時，既曰「微以意引之」，又曰「不可用意」，究竟用意乎？不用意乎？蓋此時動作，是在有意與無意之間。因要順其自然，故曰「不可用意」；又不能置之不理，故曰「以意引之」。

一三〇

第二則　九轉鍊形

前略。鍊形者，是謂調攝之義。血液陰陽，凝居於下，藏於血海胞裏，化於五蘊山頭，灌溉一身，榮養百脈，循環不已，游溢諸經，變爲渣滓之物，去而不用。直到二百四十刻漏三十時辰已周，那時鎔華復露，先天化形，留爲生人之用。此即所謂氣之清者上升於乳，氣之濁者下流爲瘀。生人生仙之機，實分於此。故女子之修鍊，預先認得清濁，方能鍊得真形。

夫形何以鍊？當其坐時，用神機運動，候口中液滿，微漱數遍，俟其清澄，然後用鼻引清氣，隨同玉液，嚥下重樓，入於絳宮，下降黃房，至關元血海而止。略一凝定，從血海運至尾閭，升上夾脊，透頂門逕入泥丸，仍從泥丸復行下降，至兩乳間而止。停聚良久，使津化爲氣，是爲一轉。如是者三三轉，既畢，方用兩手運兩乳，回轉三十六。轉畢，以兩手捧至中間，輕輕運至血海而止，仍又依前運鍊。一番三轉，三番共得九轉。倘女子沉潛莊重，根深器厚者，行之不過百日，而形已鍊成，長生有路矣。從此再求上進，大丹可期。後略。

第三則　運用火符

前略。男子先鍊藥，後鍊形；女子先鍊形，後鍊藥。因其體相攸分，故前後工夫差別。

學道女子，照依前段口訣，用心行持，若行到丹田血海之中，氣機溫煖，自然有清氣一縷，上衝心舍，直至兩乳。此時切不可動念，仍舊行工運轉，自然復行下降，仍舊歸於血海。

斯時氣機已動，真氣已生，赤血之陰，變爲白氣之陽，若不用火行符，其氣仍然化爲赤血，白者復變爲紅，枉費工夫。到此時，當用真火以鍊之，又用真符以應之，符到火足，其氣必凝。當此氣凝之候，別有景象，倘不分明講出，恐用火符差失，有壞丹元。修士至此，切宜細心熟記，毋自忘失。若此刻工夫一誤，不惟前功枉費，後功難修，而且有傷身命，防有血崩之患。

學者要記清楚，當其氣歸血海之時，此氣雖從血中化出，並非是血。如人出外，變相歸家，即家人婦子皆不能認識，安能如前日之相投？故其下降時，血海之中，必如魚吸水一般。斯時四肢若醉，其快樂如夫婦交媾，有莫能自禁之勢。攖寧按 有人說此時身中快樂之感覺，勝過男女之事若干倍。因爲某種女子，生性冷淡，又遇男子身體虛弱者，臨時在女子方面，毫無快感。而修道做工夫的女子則不然，雖獨自一身，清心寡慾，在靜室中打坐，果能如法將自己身內之陰陽配合調和，入於至玄至妙之境，即有特別之景象發現，其快樂不可用言語形容。至於男子做清靜工夫者，雖有時身中亦發現快樂之景象，但比較女子快樂之程度，僅得其十之二三而已。此則關乎男女生理上之不同，非人力所能強爲也。

到此地位，必須擎定主宰，切不可放縱。一念凝守中宮，停聚良久，他自然向上衝關，升入泥丸，化爲玉液，以意

引下重樓，還至兩乳間而止，用凝氣法以混合之，使其聚而不散。久久行之，自能達本還原，以通胎息。若胎息既通，則仙道可計日而至。女真修士，當共勉之。

第四則　默運胎息

前略。女真修鍊者，果能照前口訣，盡心行持，自然真氣日生，血化爲液，自兩乳中間，流通百脈，潤澤周身。此液是血化成，必須常用內運元和之氣以溫養之，方能鎮靜中田，以爲超生之本。

何謂內運元和之氣？蓋呼吸由中而生，亦由中而定也。女真修鍊，既得玉液，須運用此氣以凝之，其液方無走失，並可倚此而結成還丹。當其內運之時，其勢不著於口鼻，而又不離於口鼻，雖有呼吸之名，實無呼吸之相。何也？是借呼吸以爲呼吸之義也。蓋口鼻之呼吸，乃後天呼吸；內運之呼吸，是先天呼吸。此時注重先天，不注重後天。先天呼吸，有名無形，隨後天口鼻之呼吸，一出一入，自然升降，久久行之，則息息歸根，呼吸之氣，不由於口鼻，而胎息已成，仙道不遠矣。

攖寧按

此段工夫，原文就未曾說得明白，余恐後學不易了解，遂力求淺顯，將原文刪改大半，比較容易明了。至其細微曲折，要在爲師者口傳面授，並要學人心領

神悟，在自己身中實地證驗。功深日久，水到渠成，果能一旦豁然貫通，自然暗合道妙，固不必拘拘於文字之間矣。

第五則　廣立功行

女子果能潛修至道，已經鍊得玉液還丹，認得先天面目，又兼保得住胎息工夫，至此必須借外行以培植道本，方纔外無所虧，而內有所助。所以事奉翁姑，宜盡孝思；與人應接，當存忠厚；矜孤恤寡，救苦濟貧；尊敬師長，和睦鄉鄰。舉動勿輕浮，言語勿傲慢，一切行爲皆歸理法之中，自然氣質冲和，不求功行而功行自立。**攖寧按**　此篇刪去大半，僅此已足。

第六則　志堅行持

女真修士，若能得明師，知口訣，敦品行，矢志用功，恒久不怠，則神仙指日可成。然女子之性情，易漓易變，遇有不如意事，難保不頓改初心，或爲歧途所引，妄起偏僻之見，致令前功盡棄，孽海沉淪，嗟何及矣！

世間傳道者雖多，而得其真傳者蓋鮮，往往自誤誤人。今於女丹口訣，顯明指示，以

度有緣。所望跳出迷津，得登彼岸，使黃泉無碎玉之魂，紅粉得駐顏之術，長守不失，享樂無窮，豈不快哉？

誠規列後：　第一誠，孝養翁姑；　第二誠，端方正直；　第三誠，謹慎言語；　第四誠，小心行持；　第五誠，尊師重道；　第六誠，立志不變。

攖寧按　原文刪除五分之四，因其無關重要。至於誠規六條，雖每條皆附有解釋，亦未錄，因其大意已明。

第七則　調養元神

女子之功，比男子便捷。女丹從養真至胎息，其工夫已做完大半，不若男工有許多作用，方能得到調神地步。所以女丹法從養真至胎息工畢，便接錄外行工修，俟其外行有餘，即可煉調神一段工夫。蓋因其前日運煉之時，已將血化爲氣，此氣便可化神。到此時候，若不陶冶性情，輔助以外行，恐將來凝之不住，反致前功盡棄。必須依照誠規，嚴遵法度，將心地磨煉成一塊水晶相似。煉而復煉，磨而復磨，直至內外潔白，表裏玲瓏，體相皆空，纖塵不染。行到此地，自有一片清靈善化之機，照映在腔子裏。入定之際，不食不飲，不動不言，此時必須用人保護，不可受驚駭，恐傷神着魔，爲害不淺。女修至此，當留心注

意，毋致差失，日夜要人看守。若見他氣息俱無，顏色不改，或一二日，或五七日，或十餘日，皆不可驚動。待他鼻息微微，神光半露，方可低聲呼之。倘彼出定之後，飲食衣服，隨意所適，同志伴侶，必須刻刻提防，直養到出神以後，方免危險。

第八則　移神出殼

女丹之道，從陰返陽，陽極而神全，直鍊至身若冰壺，神如秋水，但亦不可使之久留身中。故瓜熟自落，神圓則遷。此時宜用出神之法，將神移出身外。然不可出之太遠，且初出時間亦不宜過久，恐神迷而無所歸。宜將所出之神回轉於肉體之內，一出一入，由近及遠。切記不可放縱，必俟調養老成，方可任其去來。純熟之後，自無畏避。

然出神之工，又當詳論。夫陽神未出之前，其性至靜，其工仍同養真規矩，直待神圓方止。若陽神既出而後，其性屬動，便不似前段功修，當用逸神之法，使其神靈通活潑而無障礙，或遊山玩水，或隨緣顯化，遇有機會，便立功行。苟能行滿功圓，自有飛昇之一日。

第九則　待度飛昇

女丹修成，養就純陽之體，擺脫拘束，出沒自由。務宜廣行功德，多種善根，切不可因其神出逍遙，便將道果置之度外。多言洩造物之奇，邪僻失天理之正，種種妄爲，定遭譴責。只宜暗施法力，護國救民，待到功行圓滿，自有上聖高真前來度脫飛昇。上朝金闕，膺受敕封，永住天宮，無邊快樂。

但女真何故必須待度？蓋因其本爲弱質，幸得內功修鍊，以成陽體，而陰凝之質尚未消盡，缺少還虛一段運用，未能盡天地之妙化，所以不得超昇世外者，悉由體相之不堅也。不若男子之體，鍊成金剛不壞之身，還虛功成，神光充滿天地，故不必待度，而可以了道成真，親朝上帝，遊晏蓬萊也。後略。

攖寧按　此條理論，余不敢贊同，姑存其說而已。女子果能有大智慧，具大力量，得大解脫者，則於百尺竿頭，更進一步，色空不二，人我兩忘，本性光明，直超無始，方知塵世天宮，苦樂平等，男女陰陽，異名同出。十方三界，不離玄牝之門；仙佛眾生，皆貴求食於母。到此尚有何待飛昇之可言耶？「異名同出」「玄牝之門」「求食於母」，這三句見於老子道德經。其中含有深義。

第十則　了道成真

夫修行所貴者，在於轉凡軀而成聖體。不然者，猶如井底之蛙耳，終是孽海中物，焉能脫輪迴而超劫運乎？世間女子，果能有一塵不染之心，百折不回之氣，依師口訣，日夜潛修，亦不過三五載功程，便證上乘果位，人又何憚而不爲哉？

此條刪改大半，因其純是空言。

附錄：　坤訣　清靜元君孫不二　著　濟一子傅金銓　校訂

真傳有訣，真傳有訣。

夫女子秉坤柔之德，而真陰之中具有真陽，修鍊較易。其訣俱在有著力。有者無之始，從有至無，即是真陽之位。此二句雖重在命功，却合性命而言，乃坤道第一大關鍵。上句要於有中還無，下句要於無中生有。

庚甲須知，學庸詳說。

庚甲申明命功入手處。庚者，金也，虎也；甲者，木也，龍也。庚金爲修鍊之本，甲木常畏其尅，而尅中反有生機。鍊丹家最喜死中求活，故庚虎既降，甲龍即興，

一降一興，生殺之機已伏，顛倒之理彌真。知此生殺顛倒之時，用法斬龍之頭，牽虎之尾，使龍不興雲，虎不招風，風雲息而天清月皎，龍虎降而性合情投，歸爐起鍊，立結黍珠。保命之法，莫妙於此。「知」字，有潛心守視之意。風欲來即須擒虎，雨將降乃可斬龍，不先不後，及時斬取，方可鍛鍊。不明理，又無以學道也。從經學參入，方不落空；於〈學〉、〈庸〉下得轉語，斯爲見道。

易理宜參，性宗須徹。性命雙修，陰陽相接。

丹道統於易中。〈象〉曰：「至哉坤元，萬物資生。」坤屬老陰，陰極陽生，順承乎天則生人生物，順承乎己則成道成真。細究坤之真陽發於何處，即知吾身真一產於何方。求得此一，固得此一，命寶乃全。性功爲入道之始終，於性不徹，此寶未能常住。必如秋月澄潭，纖塵不染，無始之始既已了然，不空之空咸歸自在，斯性命雙修，陰陽相接矣。

教人熟辨有無，莫負一腔熱血。

陰陽即有無，要於藏經中留心三日，則真陽之來，真陰之往，俱已井然。來龍

之頭可斷，去虎之尾能留，二炁相交，絪縕和洽，方成法體。不然徒費心血，又何能修鍊耶？

機在目前，氣由此拔，上有天谷，下有泉穴，認定二處，不宜差別。

臨機切要，惟是以目始意，以意始氣，以氣凝神，以神鍊真，通天達地，無往不靈。苟或天谷不熱，氣不上升，湧泉不熱，氣不下行，必須意目注視，上下其力以引之，認定二穴，不可少有差錯。子午行功，久久純熟，再行烹鍊。

應時須悟參修，自有黃芽白雪。原本無註解。

攖寧按 黃芽白雪，本是外丹之專名，今用作內丹之比喻，於此吾有不能己於言者。玖浮黎鼻祖金藥秘訣第七章云「紫粉如霜，黃芽滿室」，許真君石函記藥母論云「一鼎丹砂可服食，久服回陽能換骨，回陽換骨作神仙，須是神符並白雪。大哉神符真白雪，返魂再活生徐甲」，又石函記神室圓明論云「顆顆粒粒真珠紅，紅英紫脈生金公，金公水土相並合，鍊就黃芽成白雪。紫砂紅粉亂飄飄，亂飄飄兮青龍膏；紅粉少，白虎老，鍊就龍膏並虎腦，長生殿上如意寶。點金萬兩何足道，能點衰翁永

不老」。試觀以上所言，紅英紫脈、黃芽白雪、紅粉紫砂這些名詞，都是外丹爐火中所

鍊出來的實質實物，實有這種形狀，可以看在眼裏，可以拏在手中，可以吞入腹內，故

叫作金丹。後世修鍊家不得其真傳，或者雖得其真傳又守秘密，不敢公開，遂一變將

吾人肉體上之精氣神團結不散者名爲金丹，已是不合古神仙之法度，然而尚有跡象

可求。再後第二變又將佛教所用的名詞如真如圓覺、涅槃妙心，儒家所用的名詞如

無極太極、天理良知等類，一槪附會上去，都名爲金丹。於是後世學仙者，遂墮入五

里霧中，弄得莫明其妙，可謂愈趨愈下矣。點汞成金之術，中國人不肯公開，遂致失

傳，反而被外國人發明出來；長生不老之藥，中國人不敢自己承認，將來又要被外

國人捷足先登。以五千年開化最古之國家，四百兆文明之種族，竟至數典忘祖，道失

而求諸異邦，可勝慨哉！

民國二十四年（一九三五年）八月翼化堂善書局初版

男女丹工異同辨

竹陽女史顏澤寰晏清　纂述

仙井女史賀爲烈全貞　參校

皖江陳攖寧　重校訂

讀者須知

一，此書作於光緒癸卯歲，即民國紀元前八年。

二，作者乃一終身不嫁之女子，事母甚孝，母則守節，女則守貞。母女二人皆好道，奈無師授，只得於各家道書中搜尋口訣。承母命，遂集此書，皆雜抄他種丹經而來，非其自作。

三，所抄各書，有善者，有不善者，故其理論偶有矛盾，而文辭亦頗嫌冗煩。雖稍加以刪改，然不能不存其本意，學者當用自己智慧分別觀之。

四，書中如「清烈古佛」「玄天上帝」「金沙古佛」「瑤池王母」「圓明道姥」一類的稱呼，

皆是他種書上假託之名，當此破除迷信時代，本不應再用此等名稱，但因原書已有，故仍其舊。

五，書中謂女丹修成，必用待度，此段理論，不甚圓滿。蓋因昔日重男輕女之習慣使然。世界各種宗教制度，多數是男女不能平等，亦非獨中國如是，惟賴女界有傑出之材，方能破此成例耳。

六，書中金沙古佛一段議論，他說：「有謂赤龍不斬，而丹不得結，道不得成。不知血盡而氣亦盡矣，如男子之精敗，而丹亦難成，其理一也。蓋男精女血，多不可絕，氣離血而氣無由生，血化氣而精始流通。如謂血盡乃可鍊丹，何以青年血枯而病反起？此終不離血之一證也。」今按：斬赤龍即是用工夫把月經鍊斷，不是女子血枯。若說斬赤龍就是血絕、血盡、血枯，豈非變成乾血癆的症候麼？假使女子真有此病，必須要用特別工夫，並醫藥方法，令月經回復原狀，每月按時而至，與普通健康身體無異，然後再依斬龍口訣，慢慢將他鍊斷，此乃一定之規則。這位先生，把斬赤龍的效驗，同乾血癆病一樣看待，真可謂大大錯誤。

七，男女修鍊下手方法之不同，就是因為生理上的關係，女子若要入道，必須先能明了普通醫學知識，然後再做工夫，庶不至於弄錯門路。自古學仙之士，未有不學醫者，這

是實在的憑據，非空講玄理、高談心性者所能比擬。

八，不論男女，若本身無生凡胎之能力者，決不會有結仙胎之希望，生人與成仙，其理原無二致，惟在順逆之分而已。斬赤龍者，乃逆行造化也。倘自己身中無造化之生機，誤認月經斷絕即可以成仙，則彼年齡已過五十之婦女，月經將呈自然斷絕之狀態，豈非個個都有仙人資格乎？ 若謂年老者又當別論，然現代青年女子，亦有請醫生用手術將子宮卵巢割去者，其月經亦自然斷絕，遂能稱為斬赤龍乎？ 此中消息，不能不深究也。

中華民國二十四年十月 黃帝紀元四千六百三十二年 皖江 陳攖寧 識

男女丹工異同辨序

澤寰少孤，母守節乏嗣，膝下惟余等姊妹三人。 未幾，二妹殤，三妹亦字人待嫁。 澤寰不忍母之孀居寂苦也，立志守貞奉母，誓不出閣。 年十二，即隨母持齋，互以勸善歌文自娛。 每羨善書中言修行之美，仙佛之貴，憾無明師指點訣竅，復無丹經印證身心。 默叩天緣，幾歷十載。 忽值庚子夏京都之變，奉母預避峨山，始知佛門中言女修者有摩邪夫人經、摩登伽女經、寄孤長者女經、比丘尼傳、善女人傳、海南一勺編。 嗣又得摩尼燭坤集一部，約七十餘種，係如山之夫人名善一優婆夷者所集也。 但釋藏深邃，詳性略命，非初機

所能應手。若夫玄門中言女丹者，往往附諸道藏中，無次序，無專書。望海汪洋，無任於

邑，不揣陋劣，割裂聖經，彙集女丹約百餘紙，與母演說，一消寂悶，一勵潛修。承歡之餘，

又遵母命，於所集女丹中，提出男女異同之處，另抄一册，約五千餘言，題曰男女丹工異同

辨，置諸座右，以免工法混淆，身罹奇疾。牙慧之誚，知不免焉，若公同好，則吾豈敢？

光緒癸卯春竹陽女史顏澤寰晏清自記

竹陽女史顏澤寰晏清　纂述

仙井女史賀爲烈全貞　參校

皖江陳攖寧　重校訂

男女丹工異同辨

集說

孫元君坤訣註曰

象曰：「至哉坤元，萬物資生。」坤屬老陰，陰極陽生，順承乎天則生人生物，順承乎

己則成道成真。

凡男子修行，皆從初工運鍊，築基起手。若是女子修行，與男子不同。男子陽從下洩，女子陽從上升；男子體剛，女子體柔。男子丹田陽精，常常保守，不致外洩，積之既久，用火煅鍊，使精化爲氣，氣化爲神，神化爲虛，由漸而進，工完，了道飛昇。若女子則不同，女子仍是陰濁之體，血液之軀，用乳房靈脂變化氣質，久久運鍊，自然赤反爲白，血化爲氣。血既化氣，仍用火符煅鍊，亦能氣反純陽，了道歸真。

女子初工，先鍊形質，後鍊本元。不似男子之工，先鍊本元，後鍊形質。其體各殊，其工自異。若不分門立教，何以能造化陰陽，男女共濟也。然形既爲我有，何必用鍊？蓋女子之體，原屬陰濁，不若男子之體，實秉陽剛，苟不陶鍊，不能使血化爲氣，如何孕得出先天，產得出真氣？若不得真氣，仍然一片純陰，又焉能得還丹而成大道？故女子之形，必先鍊而後可。

女真之道，原與男子之工大不相同。男子之道貴在鍊藥，是以前段工夫，逐一講明，果能旦夕行之，虔心進步，使身中五臟之血皆返爲氣，自然化生。若真氣潛生，將陰濁之體變爲純陽，工夫至此，方能用火行符，纔與男子同等。若不分門別類，其工焉能有濟？

清烈古佛曰

故男子先鍊藥後鍊形，女子先鍊形後鍊藥。因其體相攸分，故前後工夫差別。吾今立法教人，不得不分明指示，方使學者無虧。

女丹修法，其理原本不繁，當其運鍊，亦自不難。諸丹經內，所以不傳女子修鍊者，蓋因其未能男女雙渡故也。吾今垂法教人，實願男女雙渡，故此於丹書後編，接列女道十則，以渡有緣之輩。

何以女丹之道至簡不繁？女子之性純全，女子之身安靖，但得一點工夫，便能徹底造就。不似男子之念頗多偏僻，故其身心所向不同，女子之工比男子便捷些。

女丹從養真至胎息，其工已得三分之二。不若男子之工，便有許多作用，方能到得調神地步。所以女道丹書，從養胎直至胎息，工畢，便接錄外行工修，俟其外行有餘，方可鍊調神一段。

女真修成，何以必用待度？因其血弱之軀，假內工修鍊以成陽體。體雖成陽，而陰凝之性，尚未鍊盡，故女子工夫少還虛一段運用，未能盡天地之妙化，所以不得超昇世外者，悉由體相之不堅故也。不若男子之體，已鍊成金剛不壞之身，還虛之工養成，神光充滿天地，故不用待度而可了道成真，親朝上帝，遊晏蓬萊。若女子則不然。女丹修成，務必廣行功德。倘功德行滿，上聖見而憐之，保奏上帝，方得敕旨下頒，金書選詔，證得人天

無上道果，否則就成一個散仙而已。

呂祖曰

太陰鍊形，與男子修鍊之法，大同小異。初工下手，是謂斬赤龍。其後十月工夫，陽神出現，粉碎虛空，一路修真，與男子同，無彼此之別也。

綏山道士曰

赤龍自斬，乳頭自縮，如男子一般，而真陰之氣化爲真陽。以後用工，與男子無異。但女屬靜體，後四層雖與男丹同其運用，而其建功更速矣。

呂祖曰

男子修行降白虎，女子修行斬赤龍。

三命篇曰

男子之命在丹田，丹田者，生丹之真土也。女命在乳房，乳房者，母氣之木精也。又

云：「女子以血爲腎，乃空竅焉。過四十九歲，腰乾血涸，無生機矣。養而久之，又生血元，似處子焉。此乃無中生有之妙也。見其有之，一斬即化，而命生矣。此時則用性命工夫，與男子同也。」

懶道人曰

女命何以有三？謂上、中、下也。上者陽穴，中者黃房，下者丹田。少則從上，衰則從中，成方從下耳。又女子內陽外陰，先須斬赤龍以全其體，則坎化爲乾矣。然後用男子之工修之，一年即得，以金丹在其中故也。

修真辨難曰

或問：「男子下手處，分別如何？」答曰：「男子下手，以鍊氣爲要；女子下手，以鍊形爲要。鍊氣者，伏其氣也，伏氣務期其氣回，氣回則虛極靜篤，歸根復命，而白虎降，則變爲童體，而後天之精自不洩漏，可以結丹，可以延年；女子赤龍斬，亦變爲童體，而陰濁之血自不下行，可以出死，可以入生。故男子修鍊曰太陽鍊氣，女子修鍊曰太陰鍊形者，隱其形也，隱形務期其滅形，形滅則四大入空，剝爛肢體，而赤脈斬。男子白虎

形。」又問：「女子鍊形，不伏氣乎？」答曰：「女子性陰，其氣易伏，而赤脈最能害其

所重者在此，故下手則在着重處用力。赤脈一斬，氣自馴順。非若男子性陽，其氣難伏。

譬如男子伏氣要三年，女子一年可伏。果是女中丈夫，得師口訣，行太陰鍊形法，三五年

間，即可成道，比男子省力。但女中丈夫，最不易得，剛烈須過於男子百倍之力者，方能濟

事。若與男子等力者，萬萬不能。」又問：「大道不分男女，何以男女有分別？」答曰：

「其道則同，其用則異。蓋以秉性不同，形體有別，故同一性命之道，而行持大有不同也。」

玄天上帝曰

易曰「乾父坤母」，陰陽之義，昭昭可攷。有天地然後有男女，則陰陽之道又不言而

喻，是天地之不可無男女明矣。男受乾坤之變化而成其象，女亦秉乾坤之交泰而有其形。

凡具茲形象者，皆具乾坤之炁，而同列於宇宙之間耳。今當慈航普渡之際，寶筏共撐之

時，男則教亦多術，豈能捨坤維而不顧哉？凡丹經指男之玄微奧妙者，汗牛充棟，度女

之法範典型者，寥寥無幾。吾切發悲而獨論之。

男體以精中之炁而貫些子，女子以血中之炁而薰些子。些子足而蓮竅足，蓮竅足而

抽添始運，抽添運而始有甘露下降。男子之精，其炁充足；女子之血，其炁甚微。故名

之曰男陽而女陰也。修吾道者，絕七情爲本，斷六欲爲先，則微微之炁，又較勝於男子者

多矣。何也？男子之心易動，女子之念略靜，動則炁易洩，靜則炁易長。男子之七蓮

易收難放，女子之七蓮易放難收，苟能真心不懈，不待三五年，而甘露常降，七蓮常開。開

之易，豈有採取之不易哉？男女之辨，於此明矣。

若〈集中之言虛言空、言玄言妙、言神言化，則又男女之大同也。男子以胎名，女子不

言胎，而單以息名者，恐後世之人錯認「胎」字，卒受誣名耳。再者，男子之神出，必至純至

陽，而始有脫殼之機，因陽中含陰也；女子之神出，不同於男子，女子造到三陽之時，即

可脫化百里之遙，造至純老二陽之會，則一出永出，斷無夭折之患也。蓋男子陽中含陰，

女子陰中含陽；男子陰在內而陽在外，女子陰在外而陽在內。陽勝則諸陰易退。吾今

不惜真脈，道破於斯，無非切望早成真志之多耳。

金沙古佛曰

以大處而論，百脈皆由無極分形；以細密而言，又屬無形無象，卻原萬化盡包。男女

皆同此至寶，只分血精兩條。男精逆行而成仙，女血直騰歸心竅，故而各有各法，各有各照。

男丹由精化炁、炁化神、神化虛，虛極靜篤，而丹自結矣；　女丹由血化炁、炁化神、神

化虛，虛無自然，而丹自成矣。有謂赤龍不斬，而丹不得結，道不得成者，不知血盡而氣亦盡矣。如男子之精敗，而丹亦難成，其理一也。蓋男精女血，多不可絕，氣離血而氣無由生，血化氣而精始流通。如謂血盡而乃言鍊丹，何以青年血枯而病反起？此終不離血之一證也。

瑤池王母曰

女子工夫，與男相兼。只分地步，地本非玄。一切妙化，俱不異男。爾等切悟，書中載全。毫不差錯，各自修潛。

圓明道姆曰

吾今與點破，以免受冤孽；分配陰陽路，男女指一節。男有此祖炁，分配在精血；女之祖炁合，陰從血海說。男有此陽關，順逆不須惑；女有北海地，波搖似水迫。

白蓮真人曰

男女金丹地不同，陰陽一理實相通；清心寡慾為根本，築基先要斬赤龍。

無心子曰

男子精液陽中陰，女子精液陰中陽；快尋明師求指破，返老還童在故鄉。七日天心如可復，此是上乘一妙着；以後便同男子功，般般口訣要師說。

吕祖曰

婦人修鍊，如男子一樣，難得者是皎潔。須知婦人之慾過於男子，或到經水已過之後，其心如蓮之初放，乘天之雨露，纔結其實。婦人若無男子，則孤陰矣。

貞一子曰

大道不問男女，皆能有成，故男子道成爲真人，女子道成爲元君。自來丹經言男子修鍊之功，至詳且悉，女子修鍊之道，多不論及。間有論及此者，不過略露一般。非薄女修也，推其意，以爲人同此性命，即同一功夫，言男修，而女子之功不煩言解矣。不知男子外陽內陰，女子外陰內陽，秉性不同，形骸各別，雖同一性命，其行持大有不同者。《修真辨難》曰「男子下手以鍊氣爲要，女子下手以鍊形爲要」，許祖曰「男子修成不漏精，女子修成不

男女丹工異同辨

一五三

漏經」。其初關迴然各別，至鍊己得藥、還丹溫養、結胎出神諸事，雖與男子同，而細微節次，未嘗無大同小異之殊。

壬辰春，適有坤女問道，僕教以多看古書，證其所授。而丹經言女修者獨少，難以致證異同。爰不恤洩漏天機之罪，因將其所以同者何如，所以異者何如，並逐節次第，形於楮墨，以爲問津程途。俾得尋文釋義，不致魚目混珠，果能深知力行，庶幾可成無上至道。而瑤池之會，不難與男仙同謁木公、共朝金母矣。

天陽地陰，乾剛坤順，陰無陽不長，陽無陰不生，剛柔得其中和，水火始能既濟，陰陽必有匹偶，人物由茲孕生，是乾坤皆秉真元之氣，男女各具不死之身。乾曰大生，可以道成正覺；坤曰廣生，亦能果證元君。如謂坤陰難入仙道，何以王母長處崑崙？蟾娥竊梁間之丹，永作月宮皇后；逍遙讀漆園之書，自號瑤池謫仙。洛神巫女，自古維昭；紫姑湘妃，於今爲烈。跡載史篇，固可攷也。身秉坤德，豈不能乎？

女子原來命有三，紫白黃光不似男，少上衰中成在下，關頭一錯要深諳。男命即在丹田，故以下田爲炁穴即血元也，即乳房也，在中一寸三分，非兩乳也。女命即血房，故以乳房爲炁穴。陰極變陽，從炁穴化陰血而流形於外，故斬赤龍須從陰生之處用工，久久行持，形自隱矣。若以男子臍下一寸三分中之炁穴指之，則誤矣。

道學小叢書

一五四

許祖云：「男子修成不漏精，女子修成不漏經。」蓋女子之經，爲生人之始信，經返成氣，則乳縮如男子，而經自不漏。若男子則鍊精化炁，陰根縮如童子，而精自不漏。不漏而後命可延。又云：「女子修到經不漏，其後性命工夫，與男子之功，大同小異，患無人以訣破其妙耳！」

柔人行道，與剛人不同，而其成功比剛人亦易。剛人伏氣三年，柔人一年可伏，以丹在身中故也。

孫不二元君曰

男女本一氣，清濁動靜異；女人欲修真，切使真元聚。陰中有元陽，存清勿以棄，明此色與欲，本來無所累。屏除貪嗔癡，割斷憂思慮；去濁修清性，不墮諸惡趣。靜寂守無爲，我即男子具；無無無其形，有有有其意。內視色聲空，絲毫無沾滯；仗土爲坤基，一陽本自地。鉛汞固不同，炁神無二義；渺渺空靈心，心神能爲制。一炁反春和，飛出雲霄去；偕汝太清遊，是曰真如偈。

夫乾道動，坤道靜，欲修性命，務須從靜。汝今原靜，又何以修？坤道濁，乾道清，欲修性命，務須求清。惟能以濁修清，是以入道證果。

長生胎元神用經曰

成功之後，男子關元焄聚精，女人胎澤不結嬰，雖動於慾，不能與神爭。此是成胎之中真精返爲神，此是上清也。

民國二十四年（一九三五年）十月翼化堂善書書局初版

女丹詩集 陳攖寧 校訂

讀者須知

一，女丹詩集行世者，共有三種刻本：一爲單行本；二爲一貫真機易簡錄中附刻本；三爲女丹合編彙刻本。詳略既已互異，而排列次序亦不相同。在單行本內，西池集屬後編，而合編本又以積善堂詩作後編，而西池集則另爲一編在前。易簡錄本乃無積善堂詩，且題名爲女金丹，而不名女丹詩集。今從其善者，並爲之校正一百八十餘字。

二，某詩是否真屬於某人手筆，頗不易言。古來做道書者，每喜託名，無從根究。況且此等攷據學，對於修鍊上，亦非必要。

三，各家著作，雖名爲詩，而其本意，不在做詩，切勿拏文學家的眼光去評論他的優劣。原文拙陋處，雖經過幾次校正，然遇有萬不可改，一改則失其本意者，只得仍舊。況且吾國婦女界讀書識字者甚少，長於詩文者更少，我輩視爲俗而淺者，伊等或畏其雅而

深。出世間法，重在普渡，不能專爲迎合幾位文學家心理，而置多數人於教化之外，幸諒作者之苦衷。

四，<u>積善堂</u>詩，本是傳道之人所作，偏要託名於某佛、某真人、某古母等類，計有十六位之多，今則刪去。另於每首之前，加四字題目，以便讀者。原本有小字註解，今仍之。

五，<u>西池集</u>中<u>回春子</u>註，大半是參禪打機鋒的腔調，對於命功，固毫無關係，即說是性功，亦用不着這許多囉嗦。<u>呂祖</u>全書中何嘗見此等話頭？真可謂冤煞<u>呂祖</u>。惟因其尚有一二句透徹處，故未加以刪削，讀者當分別觀之。

六，<u>積善堂</u>詩中，如觀音妙法、念彌陀法、六字經法等類，皆借用佛家之名字，默運道家之工夫，決不是叫人信仰佛教，更不是勸人死後生西方，讀者請勿誤會。普通婦女，學問欠缺，若義理高深，恐其難於領悟，故就彼所知者以啓導之耳。知識階級，當然無需乎此。

七，補編貞一子女丹口訣詩廿四首，原本無此，乃余由別種道書中選入此集，並爲之校正一百二十字，頗有研究之價值，請讀者勿忽略過去。

中華民國二十四年十二月<u>黃帝紀元四千六百三十二年</u><u>皖江</u><u>陳攖寧</u>作此代序

女丹詩集前編

濟一子金谿傅金銓　彙集　皖江陳攖寧　重校訂

吳采鸞仙姑　詩三首並事略

采鸞，吳猛女也。猛仕吳，爲西安令，至人丁義授以道術，猛授南昌許遜。遜爲旌陽令，聞丹陽諶母有道，同往訪之。母以道妙授遜，遜請並授猛，母不許，命轉授之。鸞師事丁義女秀英，道成，隨父上昇。

心如一片玉壺冰，未許紅塵半點侵；
擊碎玉壺空色相，瑤臺直上最高層。

寵辱無稽何用爭，浮雲不礙月光明；
任呼牛馬俱堪應，肯放纖埃入意城。

身居城市性居山，傀儡場中事等閒；
一座須彌藏芥子，大千文字總堪刪。

樊雲翹仙姑 詩六首並事略

樊雲翹，劉綱妻也，二人俱有道術，能檄召鬼神，禁制變化。潛修密證，人不能知。劉綱爲令，尚清靜簡易，民受其惠，年歲大豐，遠近忻仰。樊暇日常與綱較法。綱作火燒客碓舍，火從東起，夫人布雨從西來禁之；庭中桃兩枝，綱咒一枝落籬外，夫人咒入篋中；綱唾盤中成魚，夫人唾爲獺食之；一日與綱入四明山，路值虎，綱禁之，虎伏而號，夫人薄而觀之，虎不敢仰視，擒歸，繫床側。將昇之日，縣廳側有大皂莢樹，綱由樹頂飛舉，夫人平坐床上，冉冉如雲之騰，遂同昇天。後再顯於藍橋舟中，詔裴航入道，以妹雲英妻之，共成仙侶焉。

乾象剛兮坤德柔，工夫先向定中求；
　　澄清一勺瑤池水，明月何須七寶修。

龍虎猿馬費牢籠，略放飛騰業障蒙；
　　至寂如如真妙法，擒來化作一天風。

養性還須先靜心，何勞乞巧更穿針；
　　鐵牛牽得隨身轉，方顯無邊慧業深。

幾人拜禱學長生，誰識元神徹底清；

粉碎虛空渾自在，摩尼舍利總虛名。

一間金屋住雙姝，雖有儀秦意不孚；

若得月中生個日，驪龍吐出夜光珠。

愛河波浪起層層，濃則沉兮淡則升；

鼓枻若能施勇斷，蓬萊弱水豈難憑。

月華君崔少玄 詩六首並事略

崔少玄，唐季時汾州刺史崔恭少女，生而端麗，幼即聰慧，及笄，歸盧陲，十年苦功，二十四歲成道。陲官閩嶠，過建溪武夷山，雲中見紫霄元君、扶桑夫人，問陲曰：「月華君來乎？」陲怪之，以問崔。崔云：「吾昔爲玉皇左侍書，號月華君，以宿緣謫爲君妻。」盧後罷官，家洛陽，崔將仙去，留書遺陲曰：「得之一元，匪受自天。太老之真，無上之仙。光含影藏，形於自然。真安匪求，人之久留。淑美其真，體性剛柔。丹霄碧天，上聖之儔。百歲之後，空餘故邱。」書畢而化。

初三纔見影如娥，相對陽光皎潔多；

要得絪縕凝玉夜，先探消息捉金波。

性宗明處命基堅，九轉河車九鼎全；

金虎玉龍相會合，三花捧出小神仙。

心如止水自悠悠，常寂常惺好進修；

養得烏肥培兔瘦，靈芝秀出碧峯頭。

地下須知亦有天，專心求己即求仙；

一朝悟徹陰陽旨，惟在生生一氣先。

黑髮朱顏曾幾時，倏驚雙鬢白如絲；

開簾瞥見梅花發，一段春光莫放遲。

不求外護不參禪，眼底滄桑任變遷；

丹徑須知從直上，玄珠只在我胸前。

唐廣真真人 詩四首並事略

唐廣真、嚴州人，事母至孝。 既嫁，得血疾，夢道人與藥而愈，自是好道。 虔奉何

仙姑，感得仙姑現身，親授元妙。 宋淳熙中，有三仙引至海邊，跨大蝦蟆渡海，隨遊名

山。仙問曰：「汝欲超凡入聖耶？留形住世耶？棄骨成仙耶？」對曰：「有母在，願奉終養。」仙遂賜丹一粒吞之，遂不穀食。後召入德壽宮，封「寂靜凝神真人」。

玄機覿面費搜尋，著眼方知至理深；
性學難將文字指，業緣了當見真心。

心性原來最易明，但看峯頂暮雲晴；
東西南北皆如意，任爾蓬山碧海行。

不識性兮不識命，剖破乾坤分兩途；
一朝相合成丹後，醉倒壺中不用扶。

無嗔無喜氣和醺，應事隨機風逐雲；
虎伏龍馴觀妙化，漫天飛雪白紛紛。

玄靜散人周元君　詩五首並事略

玄靜散人，姓周氏，寧海東牟王處一之母也。金熙宗皇統二年有孕，夜夢紅霞繞身，驚覺遂生處一。處一幼即穎悟，嘗遊山中，遇老人坐大石，謂之曰：「子異日揚名帝闕，爲道教宗主。」遂摩頂而去。嘗作頌曰：「爭甚名？奪甚利？不如及早修

心地。自家修證自前程，自家不作爲羣類。」大定八年，遇重陽祖師於全真庵，請爲弟子，奉母同修，各受大道。家貧力薄，苦志修持。後處一應名赴闕，奏封有云：「鏡明猶能鑑物，況天地之鑑，無幽不燭，何物可逃？」所謂天地之鑑，即自己靈明之妙也。於是大稱旨。章宗歎曰：「清明在躬，志氣如神，先生之謂也。」明年，母壽九秩，表乞侍養。一日，母謂處一曰「我歸期已至」，因示「不貪生、不懼死」之語而化。處一葬母畢，語門人曰：「羣真相約，吾去矣。」焚香沐浴而昇。

坤訣須從靜裏求，靜中却有動機留；　若教空坐存枯想，虎走龍飛丹怎投？

一點靈臺磐石安，任他榮落態千般；　陽光本是摩尼寶，個裏收藏結大丹。

心似曹溪一片秋，好從子午下功修；　魚龍潑剌波還靜，只有長空月影留。

輕煙薄霧障空虛，却使靈明無處居；　憎愛榮枯皆利刃，予如傷子怎尋予。　按：第四句

費解。

性命先須月窟參，擒龍撥虎莫遲延；陽生之候真陽漏，黍米如何得保全。

清靜散人孫不二仙姑　詩五首並事略

孫仙姑，名不二，號清靜散人，馬丹陽之妻也。丹陽手垂過膝，額起三山，富而好道，嘗作詩云：「抱元守一是功夫，懶漢如今一也無，終日唧杯暢神息，醉中卻有那人扶。」眾莫曉其故。忽有道人自稱重陽子，來化丹陽與孫仙姑同入道。進瓜，從蒂食起，問之，曰：「甘向苦中求。」又問：「如何來？」曰：「不遠千里，特來扶醉人。」丹陽異之，夫婦師事甚謹，起全真庵於南園。數年後，重陽師挽丹陽西遊，居崑崙煙霞洞，孫仙姑獨留於家，勤修所傳，後年五十，復從風仙姑遊洛陽，六年道成，書頌云：「三千功滿超三界，跳出陰陽包裹外；隱顯縱橫得自由，醉魂不復歸寧海。」書畢，跏趺而化。乘雲過崑崙，俯告丹陽曰：「余於蓬島待君。」於是丹陽即書頌曰：「長年六十一，在世無人識；烈雷吼一聲，浩浩隨風逸。」遂擲筆上昇。按崑崙煙霞洞，在別本作「昆崙山煙霞洞」，宜從「崙」字為是。關於孫不二仙姑事跡，可參攷拙作孫不二女丹詩註，並五祖七真像傳，較為詳明。

資生資始總陰陽，無極能開太極光；

心鏡勤磨明似月，大千一粟任昂藏。

神氣須如夜氣清，從來至樂在無聲；

幻中真處真中幻，且向銀盆弄化生。　按　此首頗

蓬島還須結伴遊，一身難上碧巖頭；

若將枯寂為修鍊，弱水盈盈少便舟。

有疑問，仁者見仁，智者見智。

養神惜氣似持盈，喜墜陽兮怒損陰；

兩目內明馴虎尾，朦朦雙耳聽黃庭。

荊棘須教剗盡芽，性中自有妙蓮花；

一朝忽現光明象，識得渠時便是他。

攖寧按　孫不二仙姑七言絕詩五首，四川刻本未錄，余參攷別種善本道書補錄

之。此五首原名女功內丹，另有五言律詩十四首，原名坤道工夫次第，已見拙作孫不

二女丹詩註中，故不重錄。

女丹詩集後編西池集

西池金母少女太真王夫人　著

孚佑帝君回春子　註

金谿傅金銓　校訂

皖江陳攖寧　重校

西池集序

蓋聞乾健統天，坤順得主。資生之道，含二氣以絪縕；交泰之和，統三才而埏埴。

德言工貌，坤道云全，淑慎溫柔，閫儀斯著。至於夙鍾靈氣，生具慧姿，錦織迴文，猶受連波之憎；艷霾同「埋」青冢，空歸夜月之魂。其他霧鬢雲鬟，沉迷苦海，啼香怨粉，填入火坑。五漏形骸，本是前生業障；三因不悟，又增今世冤愆。其間修短窮通，不能枚舉；妍媸愚智，何可勝言！總因世乏坤維，致使人難超劫，是以奏請太上敕命羣真，闡心性於詩篇，寄棒喝於轉語。既知寂靜，恐墮頑空；更有真傳，教渠下手。言言玉液，無非修身立命之功；字字金鍼，盡是縛虎牽龍之訣。果能誠心信仰，眼前即是玄洲；再加依法

修持，鼎内便凝絳雪。與其牽纏世網，戀茲一息繁華；何如斬斷情關，佔却萬年道域？

西池有路，度楫在茲，聊綴卮言，用申木鐸。

重陽子謹序

詠性功十八首

月正圓時映水明，乾坤大地總瑩瑩，雁飛斜過潭涵影，影滅依然徹底清。**按** 原詩第三四

句爲「片雁斜過潭有影，移時明月映波清」，語意與首句重複，今改之。

回春子曰 巧機適合，寶相團圞，月照寒潭，光鋩四射。惟清乃澄，惟澄乃照，寂照圓通，覺靈自現。西來妙義，至大至圓，玄微活潑，東海珠還。咦！四海湯湯水接天，水天深處自逢源。

海蟾子曰 喜得同人註性詩，明心見性道成時；劉癡來與龍華會，醉向澄潭捉月遲。

靈陽子曰 此夕欣逢巧節，澄清要在斯時；月光皎潔印深池，真個天星倒置。

不著離奇色相，豈因空境空之；一靈透出已前珠，魚目應知不是。**按** 「已前珠」三字，恐有錯誤。

長春子曰　心性非一物，性在心中見；　水月兩澄清，波光自不染。

回春子曰　靈臺深廣似澄江，源遠應知流自長；　任爾毒龍爭戲擾，豈如溝洫污泥揚。　清光如鑑，不須煅鍊；　一著揩磨，毒龍便現。咦！沒得說。西來妙義，只履攸歸。

回春子曰　磨不磷兮涅不緇，寵何可羨辱何辭？　靜中現個團圞月，始信斯人不是癡。

回春子曰　當頭一棒，領者去會；　會者顛頭，融通寂滅。

回春子曰　惡莫憎兮善莫誇，堅持吾性漫憑他；　地雷震動真如現，一任遨遊上海楂。

回春子曰　如何佛法？　乾矢一橛。　霹靂一聲，不怕打殺。

回春子曰　濃雲密霧兩淒淒，遮却本來菩薩面；　不是清風淨掃除，蟾光怎得團圞現？　蒲團片晌，剎那一刻，翻個筋斗，菩薩出現。

性似澄潭水，心如大地平；草萊生即剗，風過碧波清。

回春子曰 性不離心，心空無物。草生用剗，下乘之法。

靈明一點本清虛，雲去雲來月自如；應事還同光暫晦，魄生依舊現明珠。

回春子曰 不曉參禪，那知拜佛？一拳打破，五指不撒。

心如野鳥最難馴，纔出籠時便要擒；莫使隨風任南北，恐罹弓繳墮深坑。**按** 原本第

四句作「本來狼藉陷深坑」，今改之。

回春子曰 分明一個月，指早是個日；日月光天德，山河壯帝都。咄！誰識？

一點靈明一點金，隨風颺去窅沉沉。分明有個菩提種，性亂神昏何處尋？

回春子曰 穿衣吃飯，不知飽煖；心去空空，火中蓮現。

愁苗情種兩都捐，外若春溫內鐵堅；順死逆生同一理，但於動靜却非然。**按** 第四

句費解！

回春子曰 荊棘中不妨著脚，深潭內也易翻身。怕只怕，清風明月，坐對青山。

人生碌碌似浮萍，業海風波何日停？要識本來真面目，勤從月下叩真人。

回春子曰 一盂一鉢，到處爲家；撞着老參，舉杖便打。

渾淪元氣原無象，庚甲之間覺有形；莫道有無難自辨，須知求己勝求人。

回春子曰 摩尼一粒，沙界難敵；龍女獻珠，此際得識。咦！一個孩兒兩個

娘，四門親家，不得疎失了也！

外濁須知內本清，龍頭虎尾按時生；若將凡聖和爲一，白雪黃芽自長成。

回春子曰 如何是道？要撒胞溺。吃飯穿衣，全不分曉。

大道先須養性靈，靈光悟徹易歸根；總然精氣神皆足，黑暗如何解鍊烹？

回春子曰 東南西北及中州，黑黑塵蒙易白頭。咄！說話的顛倒了！難不

難，一翻觔斗；易非易，掙起雙眸。

緘口凝神只內觀，法身常現一毫端；靜中攝得靈明寶，放置中宮便是丹。

回春子曰 得了手，閉了口，若還不去承當，竹篦何堪打走！咄咄咄！再來不值半文錢，請到方丈後去休。

長空清迴原無染，雲去雲來只自忙。鼓動巽風旋上下，性光命寶總歸囊。

回春子曰 一口布袋，包藏無礙，混混沌沌，放不出來。

明暗休將世務分，閒來覓得己前身；惺惺不管炎涼態，生死全抛見至真。

回春子曰 九天之上，九泉之下；少林拳棒，上下齊打；打得開通，任從放馬。

騰騰烈燄青龍舞，渺渺清波白虎蹲；虎尾龍頭緜索繫，擒歸神室合真源。

回春子曰 久別家鄉，道阻且長，從今得返，方知父母妻子各各安好。咦！千年華表依然，一任桑田變海。

一七二

西池集跋

易曰：「至哉坤元，萬物資生。」所謂「順承乎乾」者，非耶。然世之女子，明坤道而合坤德者，鮮矣！或癡頑結習，或驕悍成風，種種沉迷，不堪悉數。即有一二有志之輩，欲了脫生死，又苦於性命不明。每見巫嫗村姑，學會幾句前因後果之口頭禪，便以爲大道在是，遂而盲修瞎鍊，自誤誤人。吁！此皆坤修真訣失傳之故也。今《西池》集出，洩千古不傳之秘，具大慈悲，開方便門，願普天下女子，敬信修持，窮研極究。其中字字有功，句句有訣，切莫輕輕放過。尚有楮墨難傳之處，全在誠心辦道，自遇真人指點。總以收心養氣爲下手初功，心不收則性根昧，氣不養則命蒂枯，性命雙修，坤道乃全。讀是集者，幸勿坐失機緣，致負作者一片度世婆心也。

靈陽子敬跋

女丹詩集續編　黔中積善堂　述　皖江陳攖寧　校訂

清心寡慾第一

男女金丹地不同。　男子所觀之地，與女子所觀之地，初功本不同。

陰陽一理實相通。　男女都要鍊成純陽，其實一理而已。

清心寡慾爲根本。

築基先要斬赤龍。　赤龍，月信也。鍊去鍊來，月信不潮，兩乳自縮如男子縮龜一般，則丹基始成。

血變爲氣第二

生來本靜靜中求。　女子生來，其性本靜，即於靜中鍊丹，成功較男子更速。

一味薰蒸補破舟。

血變爲氣潮絕信。　女子多血，用法盡變爲氣，而月信可絕。

先天一復上瀛州。　復其初來之性，即可成仙成佛。

培養黃芽第三

情竇開時如破瓜。　天癸水至，如破瓜然。

全憑土德長黃芽。　芽生土之中，故曰「黃芽」。

朝朝暮暮勤培養。

自得長生不老花。　由黃芽而勤養之，不使戕敗，漸漸開花，即能超劫運爲長生之本。

觀音妙法第四

身中有一白雀觀。　指乳房也。　使紅變爲白，故以白雀觀比之。

要學觀音妙法鍊。　昔觀音聖母在白雀寺中鍊法，卒成大道。

一朝功滿上瑤池。

大眾同赴蟠桃宴。　望人同登彼岸，普渡婆心也。

彌陀真意第五

婦女速將塵事淡。

阿彌陀佛心中念。　常念四字經，即是拴心之法。

晝夜坐臥伴黃婆。時守真意，功可速成。

凡胎自脫仙骨換。有如此好處，怎不學習。

生死涅槃第六

未死學死終不死。人雖未死，猶如死人一般，所以終得不死。

逢生殺生永不生。妄心生時，即以慧劍殺之，所以終致不生。

不死不生真入妙。

涅槃一證大功成。形不死，心不生，可證涅槃上果。

迴光返照第七

迴光返照兩乳間。

心神注在金鎖前。眼觀兩乳之中，神注兩腎之下，自然河車運至中田，以補破體。

二日半後黃變白。行經過後，計二日半，血變成黃。斯時淨心用功，不久變白而赤脈斬，猶如處子體矣。

移鼎換爐鍊成仙。赤龍已斬，行法之地不同，得訣鍊之可成。

慈悲爲本第八

慈悲爲本性情和。

忍辱茹辛耐折磨。

人人都有菩提樹。

長坐菩提登大羅。

按 首二句原本作「慈悲爲本心是婆，在家出家養太和」，今改之。

在家婦女，出家尼僧道姑，俱可修鍊，總要以慈悲爲本。能知菩提樹在何處，即在菩提樹上用功，久之必成菩提矣。

藥火兩用第九

藥在火中鍊。 藥，炁也； 火，神也。 即是神馭炁。

火在藥中現。 神因炁而愈靈。

有火無藥煮空鐺。 不可弄火。

有藥無火終消散。 不可無火。

火藥二物能適宜。

金丹一結入閬苑。 神炁相依，焉有不成之理。

太陰斂形第十

幽閒貞靜養性情。　上句養性，下句培德，即是內外交修功夫。

婦道克全德匪輕。

乳房血海常留意。　下手初功。

將形收斂合太陰。　太陰斂形法，其乳縮如男子。

六字經法第十一

最好惟有六字經。　即「南無阿彌陀佛」。

從前轉後住到心。　念佛之法：臍前念「南」，陽關念「無」，陰腎念「阿」，泥丸念「彌」，咽喉念「陀」，終將「佛」

字住在心裏。　又可收心，又可平氣。

其中暗寓河車法。　時刻照此法念之，盡將後天陽氣車入中田，自能補足先天。

不知不覺鍊成真。　此法簡易，婦女可念，男子亦可念，總要行之久遠，其效愈大。

人人如意第十二

懷抱兩個如意圖。　此圖所以護心，亦所以通心。

生來即有人人俱。不分男女，人人皆有。

問人果能如意否？如意中即有如來，果能如意，自有無窮佳境見於胸懷。

果能如意上天都。不負如意圖之名，自得如意圖之實，飛昇指日可俟。

動靜勿離第十三

動靜不可離這個。

離了這個路便錯。這個，乃真意也。時時誠意，先天自復。若意念一差，便非正路。

坤陰變作乾陽體。女性本陰，變爲乾陽，方能成道。

頂天立地莫柔懦。陰性多柔，要有頂天立地志向，庶於道有望。

出家修鍊第十四

一入空門得自由。

塵緣何故掛心頭？世之僧尼道姑，已入空門矣，心猶不忘夫紅塵者，何故？

觀音大士規模在。

靜坐參禪萬念休。

節婦修鍊第十五

可憐最是未亡人。　夫死者，妻稱未亡人。

矢志冰霜實苦辛。　夫死守節，凜如冰霜，不知受了許多辛苦。

節烈信爲仙佛種。

急修急鍊出風塵。　女仙女佛，盡是堅貞爲本。　既爲節婦，即仙佛種子矣，還在風塵中何益。

此言節婦宜急修。

童真修鍊第十六

王母臺前貴女真。

色空空色見分明。　大有夙根者，見得色即是空，空即是色，修成女真，故王母特優重之。

渾淪元氣無虧損。　不必補漏。

得法修之頃刻成。　得了先天之法，一鍊即成，言甚易也。

此言童女宜急修。

在家修鍊第十七

莫謂家事紛難絕。

坤維正氣修即得。　婦女皆有坤維正氣，莫因家事紛紜，遂躭誤一生也。

從無入有養神胎。

下田不結中田結。　結於下田者是凡胎，結於中田者是神胎。神胎是自己神炁所凝，不因外來，故謂之從無入有。

此言在家婦女宜急修。

心性根本第十八

四大名山眾女仙。

半推孝節半參禪。　有以孝成者，有以節成者，有以參禪成者，途雖異，而歸則同。

總依心性爲根本。

行滿功圓便上天。　「心性」二字，修丹之本，男女都離不得。

此首總結女丹經。

女丹詩集補編·貞一子女丹口訣 皖江陳攖寧 校訂

收心一

金丹道理最幽深，逐節功夫著意尋；　若問入門初下手，掃除妄念以收心。

養性二

一顆牟尼似水晶，何期塵垢蔽精英；　但能靜坐迴光照，依舊天心夜月明。

養氣三

雖能住念僅初禪，息到冲和返自然；　養氣方兒無別巧，同行同坐又同眠。

凝神四

神是夫兮息是妻，休教異路隔雲泥；　兩相匹配歸根竅，便是丹成鶴到時。

三命五

光分黃白紫爲三，女命生來不似男；　少上衰中成在下，關頭一路要深諳。

氣穴六

氣穴分明是乳房，休將臍下妄猜量；

錬丹不識陰生處，伏虎降龍欠主張。

知時七

每到花開對月時，羝羊將要觸藩籬；

勸君信至休遲誤，莫待龍形出水湄。

斬龍八

陽欲生陰出玉溝，火輪急駕莫停留；

巽風吹上紅元府，倒轉河車仗逆流。

形隱九

順為凡體月經行，七七年齡老態呈；

錬到太陰形隱後，從茲仙體慶長生。

求丹十

錬形化氣築基工，上品天仙事不同；

若問金丹端的處，日來映月破鴻濛。

錬己十一

生龍活虎戰蓮房，最怕心猿意馬狂；

錬己未臻純熟境，豈能安穩渡陳倉。

順逆十二

順則生人逆則仙，乾坤交泰是真詮；

臨爐莫訝丹難結，倒挽羊車自見天。

丹生十三

恍惚窈冥情似癡，融和正是藥生時；

丹田有信機緣至，準備工夫採玉芝。

採藥十四

猛覰先天一粒丹，其光灼灼似金丸；

巽風若不頻催鼓，大藥如何得過關？

升元十五

日出扶桑大海東，火輪飛渡莫停功；

鹿車搬上崑崙頂，木汞自歸神室中。

合丹十六

艮男初歸混沌窩，夫妻從此結絲羅；

六門緊閉勤添火，帳裏春光要太和。

火候十七

火記雖垂六百篇，未將真候寫鸞箋；

最明莫過冲虛語，呼吸分明了却仙。

溫養十八

已看白雪種青砂，寒燠調停切莫差；

三十六宮春意足，羨君有路泛仙槎。

胎息十九

工夫細密勿粗疏，神息緜緜合太虛；

借問養胎何所似，恍如父母未生初。

度數二十

採藥燒丹有後先，坎離艮巽倒還顛；

功完九九周天數，到此方爲物外仙。

脫胎廿一

十月胎圓度數周，陽神忽到顖門遊；

一聲霹靂衝天出，頂上爭看白氣浮。

乳哺廿二

初產嬰孩氣未絕，仍吞木汞復元真；
佇看乳養經三載，變化通靈妙若神。

面壁廿三

丹事雖完猶有工，冥心靜坐洞天中；
忘形入定無年月，打破虛空見聖功。

冲舉廿四

鍊到真空道愈高，丹書下詔步雲霄；
從今永住瑤池苑，隨着靈妃去早朝。

攖寧按 女丹口訣詩，共計二十四首，六百七十二字，今特別用心校正一百一十字，比原本爲優，遂以付印。

乙亥仲冬記

民國二十四年（一九三五年）十二月翼化堂善書局初版

長乙山人李涵虛　著

皖江陳攖寧校訂

道竅談

道竅談讀者須知

一，本書作者，姓李，名西月，字涵虛，又字團陽，乃四川省樂山縣長乙山人，於清咸豐丙辰歲成道。

二，吾國仙道，舊有南北兩派，南派始於浙江天台之張紫陽，北派始於陝西終南之王重陽。至明嘉靖時，陸潛虛著方壺外史，大闡玄風，世稱爲東派。而本書作者李涵虛，則羣目之爲西派。西派傳代有九字：「西道通、大江東、海天空。」

三，張紫陽得丹道於成都異人，但未言爲誰氏。同時有王冲熙者，遇劉海蟾傳金丹口訣，冲熙嘗謂，舉世道人無能達此者，獨張平叔知之。於是陸彥孚遂據此語而斷爲紫陽亦得海蟾之傳。玫海蟾乃正陽真人鍾離雲房之弟子，與呂祖同門，王重陽文集中亦稱「正陽的祖，純陽師父，海蟾師叔」。由此可知，南北兩派，蓋同出一源。又明之陸潛虛，自云見呂祖於北海草堂，親聞道妙；清之李涵虛，亦曾在峨眉山遇呂祖於禪院，密付本音。是則南北東西四派，皆可認爲呂祖所傳也。

四，北派工夫，重在清靜，而七真之劉祖則以在妓院修鍊著名，未聞如長春真人之枯

坐也；南派口訣，重在陰陽，而五祖白玉蟾則自幼出家，終身雲水，未聞如道光禪師之還俗也。同一講道文章，陸作則精醇，而李作則複雜；同一人元丹法，陸說則簡易，而李說則繁難。由此可知，道本同而法或許有巧拙之殊，法雖同而訣未必無簡繁之異，是在學者會而通之，勿自限耳。

五，張紫陽乃宋神宗熙寧間得道，時在民國紀元以前約八百三十餘年，王重陽乃金世宗大定間得道，時在民國紀元以前約七百四十餘年；陸潛虛乃明穆宗隆慶間得道，時在民國紀元以前約三百四十餘年，李涵虛乃清朝咸豐年間得道，時在民國紀元前約六十餘年。

六，李涵虛著作有太上十三經註解、無根樹道情註解，並編訂之三丰全集，俱早已風行一世，惟道竅談、三車秘旨、圓嶠內篇三種，未曾刊版行世，而圓嶠內篇之鈔本亦未得見。今特先出道竅談並三車秘旨二書，以慰好道諸君之渴望。

七，本書乃福建毛君復初家藏鈔本，由福建連城鄧君雨蒼親攜至滬，囑寧代爲校勘，出版流通。其排版、印刷、裝訂、紙料等費，則由鄧君雨蒼與張君竹銘向丹道刻經會商妥籌墊。今後本書始能與讀者相見，毛、鄧、張三君不爲無功。

八，本書經寧手校正之處，約有數十字，皆屬當日輾轉傳鈔之誤，其誤僅在文句之通與不通，不在理論之謬與不謬，關係頗輕，故無須另作校勘記，以免多佔篇幅。

九，鄧君當日曾囑寧將本書中要旨提出，以便讀者。愚意丹經中歷來所習用如離坎汞鉛等，皆代名詞，說心腎可，說神氣亦可，說男女亦無不可，是在讀者深造而自得之。若必定指出某名即是某物，則仁智之見，各執一說，而是非之爭將無了期，竊恐本書應用之範圍，或因此反致狹隘，有違流通之本願，不如其已也。

十，本書中畫龍點睛處，就是「彼家」二字。如第三章云「欲養我己汞，必用彼家真鉛」，又如第五章云「內鍊己者，將彼家之鉛，養我家之汞也」，內養己者，亦用彼家之鉛，養我家之汞」，又如第八章云「此鉛非還丹之鉛，彼家之真火也」，又如第十章云「本元走漏，精氣神皆落於後天，不能求之於我，則必求之於彼」，又如第十七章云「元精在我家，真精在彼家」，又如第十八章云「上德之體，得於天者甚厚，不必求之於彼家也，故曰天元」，又第二十五章云「我運一點陰火之精，種在彼家之內」，又如第二十九章云「採鍊者，採彼家陽鉛，鍊我家子珠之氣也」。觀以上所列舉「彼家」之說，可謂詳矣。究竟「彼家」二字是如何解釋，頗有研究之餘地。如謂彼家是指腎中之氣而言，則單鍊心中之神者非矣；如謂彼家是指同類異性者而言，則一己孤修專事靜坐者非矣。讀者須於此等玄之又玄處著眼，方可謂頭是道。如謂彼家是指身外之太虛而言，則執著肉體在腔子裏摸索者非矣；如謂彼家是指身外之太虛而言，則執著肉體在腔子裏摸索者非矣；

中華民國二十六年丁丑仲春百花生日皖江陳攖寧識於上海西鄉之眾妙居

張序

先伯父鏡川公，好丹砂術，原亦期其養氣修性而已。至道學稍進，愈覺奮發有爲，凡爲此道之書，無不心愛而存之。間有刻本者，有手鈔者，不一而足，皆平日之娛情者也。辛未季春，忽臨大限，特囑先兄伯純曰：「吾素所好者，惟此數本道書，吾死當爲吾惜之，十年後當有人來取，爾輩勿吝而不與。未至其期，勿輕而不修。此即吾之遺命也，幸毋忘。」僕雖在童穉，亦曾聞及斯言。

自先兄棄世之後，弟仲寬曬書，間有蟲蛀者，尚未之覺。適僕遇而見之，意欲重鈔一過，爲他日底本。事始行，友人劉君宣甫過訪，見書而問曰：「足下亦爲理道耶？」僕告其始意。渠曰：「佳哉斯舉也。吾素亦喜此書，惜無爲吾指謬者。今觀令伯舊本，皆摘要去繁，抽幽出顯之作，誠令我心悅神怡於不能自禁時也。願惠假一鈔，且願多鈔一本，分足下勞，抽幽出顯之作，何如？」僕本欲秘而不宣，因思伯父有言，有人來取，尚當如數奉交，況僅假去一鈔，且多鈔一本爲贈，即何靳而不與？

此卷乃其鈔者，今而後長保此書，謂非宣甫之助歟？即宣甫果成其學，謂非十年後

之驗歟？我伯始之，我友成之，俾我坐而享之，可謂太易矣。爰筆其始末以識之。

枚皋張日章謹序

若有善男信女發善心，將此道竅談、三車秘旨二書刊刻行世，自身今生不能修鍊，來世祖師孚佑帝君、善教真君，務必多方點化，委曲開導，教其棄俗入道，出離苦海，超證仙階。若有人能讀二書，究竟細微，從是思維行持，二位祖師必定暗中提拔，不待來生。縱不能證大羅金仙，決定免其輪迴之苦矣。有能印送此二書，與學道人開明大路，免遭旁門魔道者，九祖生天，子孫世世不生惡淫之嗣矣。

枚皋張日章再識

道竅談　長乙山人李涵虛　著　皖江陳攖寧　校訂

箴諸友書第一章

深宵打坐，清靜自然，繩床竹榻間，五更盤膝，坐已復起，悠然自得，乃即所得者挑燈書之，爲諸友言曰：

夜來氣清，息調神住。如其調而調之，既不蹈夫頑空；如其住而住之，又不類夫執著。斯時也，不忘不助，若忘若存，寂寂惺惺，圓圓明明，水自然清，火自然生，神自然交，氣自然會，風自然正，車自然行，抽自然抽，進自然進，添自然添，退自然退。惟其神妙獨得，故爾操縱如心，昏沉自然去也，散亂自然歸也，能弗快活歟？夫避燈而攢渴睡，吾不得而見也，在公等之自持也；搖几而作醒狀，吾不敢與聞也，在公等之自信也，閉目而多思慮，吾不得而知也，在公等之自除也。當清夜而昏沉者，是不勤於此功，當清夜而散亂者，是不專於此功也。不勤不專，是負祖師之厚望矣。吾道至妙玄，犯此病者，尚其改斾。

開關問答第二章

有友數人焉，問於團陽子曰：「足下談元，可謂清真淺顯，開入門之孔竅者也。但不識孫陶一派有云『開關展竅，當在築基之前』者。而潛虛翁則以爲：『古仙垂語，絕口不言，而今乃有之。』又云：『蛇足不添，駿骨無價，大道之厄，斯人爲之。』若以開關展竅爲可鄙者，君與同師，乞道其故也。」

團陽子曰：「吁！潛虛所言者，非鄙之也，蓋歎斯人不幸，而失其先天清靜，致令添此小術也。夫上德無爲，不以察求。童子先天未破，可清養而得胎仙，不假返還，奚用通關？故以此爲大道之厄，即太上所謂『大道廢，有仁義』之嘅歎也。然吾儕以度人爲功，其所流傳者，安得盡屬童真？則展竅開關，所以啟玄門而關徑路，還元返本，所以資同類而補真身也。中年學道者，只要凝神有法，調息有度，陰蹻氣萌，攝入鼎內，勿忘勿助，後天氣生，再調再烹，真機自動，乘其動而引，不必著力開而關自開，不必著力展而竅自展，真氣一升於泥丸，於是而河車之路可通。要皆自然而然，乘乍動又靜之際，微微起火，逼過尾閭，逆流天谷，自然鍊精化氣，灌注三宮。以後復得外來妙藥，擒制吾身之真氣，令其交凝，使不散亂。然後相親相戀，如龍養珠，如雞抱卵，煖氣不絕，同落於黃庭之間，結

為朱橘,乃曰內丹。則初候之功成,延年之妙得,全形之道備矣。」

友聞而喜曰:「微子言,蓋幾迷於向往也。吾儕雖不敏,請退而修之。」

後天集解第三章

從古後天法程,只言築基、鍊己二層,而陶存存先生又言:「修道之士,若不開關,遽言築基鍊己,乃是隔靴搔癢,無益於事。」於是以開關、築基、得藥、鍊己四層分為後天次序。吾恐人之多疑也,因作此以明之曰:古分二條者,後天之大端,今分四層者,後天之節次。以開關闢築基之路,以得藥助築基之需,以鍊己了築基之事,四端仍然兩端,兩端仍然一端。古人云:「細微節目,非真師不能傳,非善人不敢道。」築基鍊己,雖非上乘丹法,而其中之節次,且更有不止於陶翁所云者。參同云:「下德為之,其用不休。」夫不休,則見其節次之多也。所聞異詞,所見異詞,要在人之會通。而孫教鸞真人云:「修身之人,必先用鼎器以開關展竅。」蓋以生仙生佛之父母,不同夫凡父凡母,故以靈父靈母名此後天鼎器也。靈父靈母,逆來交媾;凡父凡母,順去資生。逆來之法,始終不離者也。鼎器立則神氣交,神氣交則積累厚,積累厚則衝突健,衝突健則關竅展,關竅展則逆運之途闢,河車之路通矣。

但運河車者，不與開關之事同。開關乃後天真氣，河車乃後天金水。功夫到河車一步，日築基兩無分也。潛虛曰：「循環灌注，久久純熟，氣滿三田，上下交泰，所謂『常使氣冲關節透，自然精滿谷神存』也。」

吾常以後天之學名爲養己，人能細覽愚言，究其包舉之節次，則延年保身之道得也。

養己者何也？〈〈〈〈參同契云：「內以養己，安靜虛無。」此後天之要言也。己，己性也，即元神也；內，內境也，即虛無也。虛無之內，常靜常安。安而後能慮，靜而後能應。然欲靜其神，必須調息有度。一呼一吸，名曰一息。須順其自然，勿聽其自然。吾師云：「真人之息以踵。」踵也者，相接不斷，綿綿若存也。氣徹湧泉，往來不絕。莊子曰：「以內息踵外息，以外息踵內息，以息息踵息息。」此即「以踵」之妙也。內呼則外吸，內吸則外呼，內外兩息，反正相生，開闔有度，却有自然妙趣，不待強爲。古人云：「若問築基下手，先明橐籥玄關。」知內息即知橐籥也。丹家云「呼不出喉，吸歸於蒂」，言內息也。若言口鼻呼吸，安能使之不出乎？息既調矣，又須凝神。凝神者，寂然不動，內照形軀也。但此凝神調息，却非兩橛功夫。調息則神歸，神歸則覺照，覺照則氣生，氣生則靜攝於內。養己，包調息，包凝神，包聚氣，包衝關，而更包築基鍊己充，元黃交媾，真氣衝心，引至尾閭，一撞三關，牛女路開，銀河可挽。然而養己之道，却甚多矣。養己，包調息，包凝神，包聚氣，包衝關，而更包築基鍊己

之事。上陽云：「寶精裕氣，養己也；對境忘情，鍊己也。」養己爲鍊己之內助，鍊己除養己之外緣。鍊己而不養己，則丹基難成；養己而不鍊己，則汞性難固：合而言之，養己與鍊己皆一道也。然欲養我己汞，必用彼家真鉛，乃後天中之先天，後天中之金水有氣無質時也。真鉛初生之始，鬱蒸乎兩腎之間，即起河車以鍊，循尾閭而上天谷，傾甘露而歸黃庭，灑濯三宮，將鉛制汞。氣化液而退陰符，則流珠之不走也；液化氣而進陽火，則河車之又起矣。而且鍊性修心，外除塵擾，大隱市塵，和光混俗，則身心兩定，內汞堅凝。然後求八兩之先天，配我半斤之後天，而還丹可問也已。

築基鍊己第四章

築基鍊己之道，是二是一。然有小築基、大築基，外鍊己、內鍊己，人亦不可不知也。

小築基者何？攝元陽而入內鼎，胎息緜緜，然後生後天之藥而行玉鍊之功，此孫陶一派所謂「築基既畢，乃敢得藥，內藥既凝，乃敢鍊己」者也。

大築基者何？養靈珠而生外鉛，金水溶溶，勤行周天之妙，而完盡性之功，此集解一篇所謂「以開關闢築基之路，以得藥助築基之需，以鍊己了築基之事」者也。

內鍊己者，河車之事，玉液之功，即參同契「內以養己」之論也；

外鍊己者，萬象皆空，一塵不染，即古人「對境忘情」之旨也。

要之，內鍊是大築基，大築基即是養己，養己仍助內鍊，內鍊仍須外鍊。一切丹經，三五錯綜，詞雖異而事則同，吾故曰「築基鍊己」是一是二」也。幸學者善爲會之。

養己鍊己第五章

愚前有言：「養己爲鍊己之內助，鍊己除養己之外擾。」蓋姑分言之，使人易曉，非謂其不相同也。然亦有不同者。

外鍊己，從對境鍊之，實與內養己不同，即與外養己不同，何也？外鍊己者，鍊己心而使之定，心定則身定，身定則色慾不能搖，財利不能眩，然後真汞能存，丹基可固。

若夫內鍊己，則又與內養己有相同也。丹經鍊己者，烹汞成硃也。陶翁云：「鍊己者，非徒空鍊也」。上陽云：「修丹容易，鍊己最難。」己者，己汞真火。必先鍊此真火，降此真龍，從我驅用，使無奔蹶，然後可以制伏白虎，而得至寶之真金。是鍊己原有功夫也。

夫有功夫之鍊己，即是內鍊己，即是內養己也。內鍊己者，將彼家之鉛，鍊我家之汞也，使其相尅相生也；內養己者，亦用彼家之鉛，養我家之汞，使其相資相守也。故有相同之義云。

養己鍊己第六章　此章乃西派心傳，改築基爲養己，名雖異而理實同。

養己與鍊己，功夫自是一串。養己者，寶精裕氣，即築基也；鍊己者，對境忘情，即了性也。鍊己必先養己，養己其鍊己之先資乎。夫以精氣爲培養，己土益增其堅厚，「基」字所以從「其」「土」也，故築基即是養己；夫以情境爲磨鍊，己心益明而不死，「性」字所以從「心」也，故了性必先鍊己。

第養己雖要精氣，而精從內守，氣自外來，堅其守者必用己，候其來者必用己。養己之道，又須安靜爲功也。吾爲養己者分出兩條：自養一條，相養一條。相養者，精氣也；自養者，安靜也。鍊己者雖在情境，而情從內淡，境從外空。淡然自得者，己必有所樂；空然無累者，己必有所持。

鍊己之道，又須動靜兼修也。吾爲鍊己者分出兩件：內鍊一件，外鍊一件。外鍊者，和光混俗也；內鍊者，烹汞成砂也。

偈曰：「欲識修真正路，先行兩段工夫。發明養己鍊己，使人好看仙書。」

經云：「內心宜活，外心宜死。」然欲活其內心，必須內以養己；然欲死其外心，必須外以鍊己。此吾之所以發明內養己、外鍊己也。

後天次序第七章

初基以後天爲妙用。然有可用之後天，即有不可用之後天，並不得以後天名之，以其至陰至濁，不足道也。今悉從可用者依次言之：第一曰後天，第二曰後天中之先天，第三曰先天，第四曰先天中之先天。

後天者，陰蹻之氣，生人之根，乍動爲元精者也。學人敲竹喚來，入於内鼎，自然鍊精化氣而開關竅。此氣冲五臟，薰百骸，縈繞脈絡，仍歸丹田。凝神調息，靜候動機。機動籟鳴，一縷直上，是爲後天中先天。採之以劍，調之以琴，運之以河車，封之於黃庭，此即玉液鍊己之功也。久久純熟，身心牢固，然後入室臨爐，而求先天。這先天，乃是元始祖氣。先把真陰真陽同類有情之物，各重八兩，立爲爐鼎，假此爐鼎之真氣，設爲法象，運動周星，誘彼先天出來，即刻擒之，不越半刻時辰，結成一粒，附在鼎中，是爲鉛母，號曰外丹。先天中之先天者，鉛中產陽，簾幃光透，採此至真之陽氣，擒伏己身之精氣，所謂「金來歸性初，乃得稱還丹」也。以後温養固濟，日運陰符陽火，撫之育之，乃化金液之質，吞歸五内，是名金液還丹。服食之後，結成聖胎，十月功完，陽神出現，五行難管，位號真仙矣。再圖向上，面壁九年，謂之鍊神還虛。面壁者，目中如萬仞當前，紅塵不到，並非面牆

枯坐也；

九年者，九轉也，九轉功深，千百億化也。

內外二藥第八章

內藥者，了性之用；　外藥者，了命之需。

學人盡性至命，必先修內藥以及外藥，這內藥是半斤汞，這外藥是八兩鉛，又必先

採外藥以擒內藥，這外藥是腎中氣，這內藥是心中精。後天事畢於此矣。

至於將性立命，必先資內藥以種外藥，這內藥是硃裏汞，這外藥是水中鉛；又必先

修外藥以及內藥，這外藥是丹母氣，這內藥是聖人胎。先天事畢於斯矣。

然要知內外兩用，何者為藥，何者為丹。內丹者，真汞也，己土也，歸於離之門，久則

烹之為妙靈砂；　外丹者，真鉛也，戊土也，藏於坎之戶，久則現為美金華。欲結內丹者，

必先以鉛制汞，此鉛非還丹之鉛，彼家之真火也；欲鍊外丹者，必先以汞迎鉛，其鉛非結

丹之鉛，先天一氣也。故結丹與還丹不同。結者，凝也，取他家之氣，凝我家之氣，造化在

後天鼎中，不離周天火候，乃可成功。還者，復也，採兌宮之金，復乾宮之金，造化在先天

鼎中，須合同類陰陽，始得成就。結丹完內丹，還丹用外丹。內丹為陰丹，汞本陽中陰

也，　外丹為陽丹，鉛則陰中陽也。地元為外丹，濟施之功，皆切於人也；　人元為內丹，

性命之理，皆切於己也。

更有當知者，內丹爲內藥，而金液還丹亦名內藥，因其造化在內也；　外丹爲外藥，而金丹亦名外藥，因其造化在外也。此大丹之兼乎內外者也。

又有須知者，外丹爲外藥，乃有未成丹而稱爲外藥者：　大坎離交，河車轉運，化氣爲液，下降黃房，亦名外藥，然未成丹也。內丹爲內藥，乃有未成丹而亦稱爲內藥者：　築先天基，絳宮化液，流歸元海，液仍化氣，亦名內藥，然未成丹也。此清靜功之兼乎內外者也。

丹藥分際，備載於此，爲學者告。

藥物相類第九章

先天後天之學，其藥物層次，頗有相類者，特大小之不同耳。今舉相類者言之。

後天坎離，所以築丹基；　先天坎離，所以立丹基也。後天鉛汞，所以小結丹；　先天鉛汞，所以大還丹。三年鍊己，所以了其性；　九年面壁，所以了其命。

後天坎離者，元神元氣交媾而築丹基生小藥也；　先天坎離者，真陰真陽交媾而立丹基即丹母生大藥也。　後天鉛汞者，金鼎烹來生藥物，藥物即外鉛也；　河車運轉制流珠，流

珠即內汞也；鉛汞相拘，而小結丹矣。先天鉛汞者，同類陰陽成戊土，戊土即外鉛也；調停火候合己土，己土即內汞也；鉛汞相見，而大丹還矣。小丹烹鍊之時，腹裏醺醺如醉，復假周天子午，漸採漸凝，乃使鉛投汞伏，而成陰砂；大丹凝合之後，爐中赫赫長紅，復假外爐符火，勤增勤減，遂使鉛乾汞現，而成陽砂。鍊己了性者，養陰砂也；內則寶精裕氣，外則對境忘情，斯能身心兩固耳。三年者，「三月不違」之意也；面壁了命者，養陽砂也，要使形神俱妙，真敎粉碎虛空，斯能變化無窮耳，九年者，九轉大還之意也。

三品互養第十章

心印經曰：「上藥三品，神與氣精。」此修鍊之至寶也。其間生生化化，互相資養，特爲學者發明之。

行逆修之道，則精化爲氣，氣化爲神也；行順修之道，則神生其氣，氣生其精也。問何以逆取？蓋自本元走漏，精氣神皆落於後天，不能求之我，則必求之於彼。求之於彼，斯逆矣。精化氣者，此精在陰蹻，逆入紫府而鍊之，乃化爲氣；氣化神者，此氣在陽爐，逆入黃庭而鍊之，乃化爲神。夫此逆取之道，雖從精始，而順修之道，則從神始，二者有相需之妙，不相悖也。

逆修元精，先要凝神，神凝則氣聚，氣聚則精生。蓋其神氣交媾，自然產出天精，此精乃天一之水，在坎為壬，一名母氣，又名外精。學人以母氣培子氣，以外精補內精，是為同類施功。子氣者，心氣也；內精者，心精也。後天培養之學，自外入內，故必先修外藥以反內藥也。又有神化精、精化氣之理，所謂絳宮化液，流歸元海，液仍化氣，後轉河車者是也。更有氣生精、精生神之理，所謂白雲上朝，甘露下降，抽出坎陽，去補離陰是也。善夫！

陶仙之言曰：「知內不知外，無以通關竅；收外不收內，無以固根源。」人能體此，則知精氣神互相資養之妙也。

鍊功五關第十一章

丹法以鍊精、鍊氣、鍊神分為三關，然窮其修鍊，實有不止於三者。層次不全，則有躐等之患也。今試論之。

首關鍊精，必用鼎器，合元黃以交媾，化金烏而上飛，則精化氣也；次關鍊氣，必明子午，抽出坎中之陽，去補離中之陰，則氣化神也。化氣化神，築基與還丹，皆有這樣法功，特其藥物爐鼎，大小不同耳。至於鍊神之道，則有三關：一則鍊神了性，一則鍊神了命，一則鍊神還虛。鍊神了性者，玉液鍊己之道也，鉛來伏汞，結成丹基，內有真火，緜緜

不絕，外有子午抽添，漸採漸凝，則烹汞而成陰砂矣，鍊神了命者，金液鍊形之道也，鉛歸制汞，結就胎嬰，內有真火，赫赫長紅，外有陰陽置用，日增日減，則乾汞而成陽砂矣；鍊神還虛者，更上一層，與道合真之事，移神上院，端拱冥心，直要與太虛同體，普照大千世界，如此則法身圓滿，舍利交光，分身應用，充周不窮，所謂子子孫孫，百千萬化，至此而應時立功，則身歸三清，道超九祖矣。

產藥層次第十二章

藥物有三層：始則自無而出有，繼則自有而入無，終則由無而產有。自無而出有者，後天鉛火也，雖從外邊生來，然却無形無質，無形無質，金氣初生之時也；自有入無者，送往西鄉也，雖從內邊種出，然却至空至虛，坤家洞陽之境也；由無產有者，同吐兌方也，先天一氣，虛無中來，無形生妙形，無質生靈質，二候求之，四候合之，則金丹成，聖胎結，温養畢，陽神現矣。 學人不識「自無出有」與「由無產有」相懸萬萬，故爲串述以告之。

藥物層次第十三章

藥有三層：　始則取外藥以制內藥，繼則由內藥以修外藥，終則食外藥以合內藥。取外藥以制內藥者，築基鍊己之事也，此般內藥，乃是鍊小藥，鍊精化氣時也；　由內藥以修外藥者，乾坤鼎器之事也，此般外藥，乃是真汞播精施種時也；　食外藥以合內藥者，迎鉛制汞，將母見子之事也，此之外藥，乃是大藥，驟得之而大醉，永得之而長生，調和固濟則爲聖胎，溫養事畢則爲聖人，大丈夫功成名遂時也。

或問團陽曰：　「上陽云『內藥了性以結丹，外藥了命以還丹』，是學人當先修內藥以及外藥也。如何瑩蟾子又謂學道必須從外藥起，然後及內藥乎？」團陽曰：　「汝蓋以後天外藥與先天外藥同以外藥視之。豈知後天外藥乃在癸先，先天外藥則在癸後，名雖同而實不同也。」執文泥象，不得師訣者之通病耳，故爲作三層串述以發明之。

丹砂二種第十四章

了後天之學，將鉛制汞以成砂，此砂乃七返之寶，至清無暇，小還丹是也；　了先天之學，抽鉛添汞以成砂，此砂乃九轉之至寶，金光罩體，大還丹也。

神氣性命第十五章

後天之道，神氣也；先天之道，性命也。性命神氣，相似而實相懸。所以入藥鏡

云：「是性命，非神氣；水鄉鉛，只一味。」此言甚可玩也。學人知此分際，當以神氣了

後天，而以性命了先天。是何也？性所命者曰性命，兩件原是一件，此立命之心法也。

悟真云：「異名同出少人知，兩者玄玄是要機。」蓋以命為異名而以性為同出，以鉛

為異名而以汞為同出，故「水鄉鉛，只一味」也。只一味者，一味鉛本於一味汞也。道德經

云：「無欲以觀其妙，有欲以觀其竅。」觀妙觀竅，玄玄之機。人當至靜無欲以觀其妙，是

乃定性之功。及乎時至機動，元始真一之氣自虛無來者，實有竅焉。夫兩者雖有異名，而

皆本於太極，是其同出者也。於其無者以觀妙，已得一玄；於其有者而觀竅，又得一

玄：玄之又玄，性在是而命在是也。

夫性者本乎天命，而命也本乎盡性。天以氣成物，而理亦賦焉，是由命以與人性，故

曰「天命之謂性」也；人以理造物，而氣始生焉，是由性以立其命，故曰「盡性以至命」也。

在天則理從氣出，在道則氣從理出。理從氣出者，以氣為重焉，此氣乃絪縕化醇之氣，人

得此氣而生身，然後理有所寄，故此氣為可重也；氣從理出者，更以氣為重焉，此氣乃元

始真一之氣，陰受陽光，而鉛種鉛中，又見一陽生，故此氣愈可重也。金液還丹之道，非一鉛氣不能生成，識者寶之。

先天直指第十六章

先天者，超乎後天之上，最初最始，爲本爲元，蓋一炁之尊稱也。但此先天之氣有三端，先天之名有二義。二義爲何？先出於天者，一也；先原於天者，二也。先出於天者，比天更早，爲生天生地之先天也，此氣包鴻濛之體，初名太無，天地未分，先有此氣，此其先出於天也，故曰「先天」，此一端也；先原於天者，從天而起，爲生人生物之先天也，至於生仙生佛之先天，合前二義兼有之，此氣從虛無中來，稱「太乙」，金丹假此而後成，曰「祖」，曰「始」，曰「含真」，可與先出乎天、先原乎天者爲三相類，故亦號爲「先天」，此三端也。歷聖丹經，或謂生天生地之先天、生人生物之先天，無非比喻此生仙生佛之先天而已。

或有問生天生地者。團陽曰：「這個先天，太極生之，〈經〉所謂『有物混成，先天地生，不知其名，强名曰道』是也。萬象之祖，兩大之宗，無體無形，無聲無臭。始則杳杳冥冥，

五行不到；又復恍恍惚惚，一炁自然。至於清濁判，玄黃別，則乾坤定位，天地分彰矣。」

又有問生人生物者。團陽曰：「這個先天，天地主之，一而三，三而一。一者，炁也；三者，精、氣、神也。以言其精，爲二五之精；以言其氣，即與陰陽之氣，以言其神，爲虛空之神。虛空之神，即與陰陽之氣相來往；二五之精，即與陰陽之氣共生成。其氣靈，靈故神；其氣妙，妙故精。上蟠下際者，氣也；而天地之精神在其內矣。人得此氣而受生，即爲天元之氣。但此氣有清有濁，有剛有柔。得其剛者爲男，得其柔者爲女，得其清者爲智，得其濁者爲愚。父母未交以前，此氣存於於穆；父母施受之際，此氣降於厥初；迨其精血混融，胎元完具，而此氣已渾然在胞矣。此時無神，以氣爲神；此時無精，以氣爲精。氣肫而包固，胎元完具，即精也。然此乃元氣元精元神，爲人受生之先天，童子逢師得訣，守此清修，亦可希無爲天仙。又有真氣真神真精，爲我修丹之先天者，學者不識真機，無從下手，何以覓其至寶。今夫先天者，見之不可用，用之不可見，乃丹士致虛守靜，借假修真，從無產有者也。斯時也，三二一之道，分合自然。神爲不神之神，神乎其神，龍性是也，至精之精而又精，虎情是也，二也；至於真一之氣，乃是了命真鉛，即合龍虎情性，打成一片，號爲丹母者也，一也。得此真一而餌之，三尸五賊皆逃遁，六六宮中盡是春，夫豈受生

二一〇

之氣精神所可同哉？又豈後天之氣精神所敢跂哉？後天者，呼吸之氣、思慮之神、交感之精，三物可聞可見，可測可推，生身以後之用也，故曰『後天』。夫人在胞胎時，只有一點元氣，並無呼吸之氣；及至十月胎全，脫離母腹，遂假口鼻之竅，外納天地之和，此呼吸氣之所由來也。於是而思慮之神亦緣此氣而進，借家為寓，奪舍而居。此神乃歷劫輪迴種子，生時先來，死時先去，棄舊圖新，毫無休息者。赤子下地而先哭，蓋亦默著其輪迴之苦也，迨其撫養漸成，識神用事，情欲纏繞，元氣日亡，並使呼吸之氣刻刻無停息，亦何慘也。更有後天之精者，生不帶來，死不帶去，只因身中元氣漸充漸滿，推而至於十五歲後，陽極陰生，陰長陽消，遂令渾淪之氣化為交感之精。交感者，有交有感則有精，無交無感亦無精，此精乃慾念所逼，氣血所化者也。更有夢感夢交而遺其精者，必是氣血不固，腎竅難留也。此交感之精也。吾願學道之士，只取先天，不取後天，則上藥可得矣。即或築基鍊己，不敢驟尋極品，亦必鍊元精而化元氣，鍊元氣而產真鉛，以為後天之先天，以足半斤之後天，則可求此無上之先天也。

神氣精論第十七章

《心印經》曰：「上藥三品，神與氣精。」此修丹之妙物也。顧其最上者，元神、元氣與元

精，真精、真氣與真神。元者何？先天也。真者何？亦先天也。先天之元，生於皇降，童子之天元是也；先天之真，成於大道，我輩之人元是也。不得天元而修之，必也人元乎。

或問：「天元如此其重，請即天元而言之。」團陽子曰：「天元者，天地以陰陽五行，化生人物，氣以成形，而理亦賦焉。生人之氣，元氣也，父母未交以前，此氣存於於穆，靈父母施受之際，此氣降於厥初。儒所謂『天生蒸民，有物有則』，蓋指此也。此氣甚靈，靈則有神，神即爲元神；此氣甚清，清則至精，精即爲元精。胚胎未生之前，其中止有元氣，而無後天呼吸之氣。及至十月形全，宛存口鼻，乃隨阿母之呼吸，外納天地之太和，並使輪迴陰神，緣此呼吸而進，則後天之神氣兩全，即時哇然墜地也。幸而口不能言，目不能笑，無知無識，元氣渾淪，不慮不思，陰神無用，而慾火蓬蓬，陰神肆志矣。迨至二八之年，神完氣足，陽極陰生，遂變出後天交感之精，而元氣以元神得以相資而養。故童真上德，有緣遇師，即將天元之體，清靜修持，可作無爲天仙。若等後天用事，則先天退位矣。」

或者謂：「天元之易修如此，何不舉童子而入山證果？即童子而即神仙乎？」曰：「善哉問。天地生人，所以立天之道，行天之德，故當內守成真者，不妨外出成人，以廣大其造化。否則仙道雖盛，人道必微也。故於順生人之後，重與逆生仙之方。此人元大道，所以曲成萬物而不遺、範圍天地而不過者也。只要人識得這精氣神耳。」

或問：「元神與真神若何？」曰：「元神者，渾渾噩噩；真神者，朗朗明明。一隱

混沌而無光，一經煅鍊而有用。儒以靜安能慮得，釋以行深大般若，道以泰定生智慧，此

真神之妙也。以此言之，元神是無知無識，識神是多知多識，真神是圓知圓識。故童子猶

有清修，凡夫必加靜鍊，乃克企乎至人之真神也。」

或又問：「元精與真精若何？」曰：「元精在我家，真精在彼家。其在我家者，絳宮

渾然之氣，積久而生靈液者是也；其在彼家者，華池壯盛之氣，悟真所稱『首經』者是也。

八月十五，金氣足而水潮生，正合二分真信。學人識得此精，一口吸來，霎時天仙有分，非

凡物也。」

或有問：「元氣與真氣如何？」曰：「元氣者，童子得之於天，所謂『成形之氣，隨年

加長』者也。若夫真氣則不然，先天元始之祖氣，自虛無內生來，要得真師口訣，先設乾坤

鼎器，調和真龍真虎，打合真陰真陽，半個時辰，結爲鉛母，鉛中產陽，乃爲真氣。故天以

元氣生人物，而道以真氣生仙佛。人元鍊氣之法，有奪天地造化者，非容易也。」

或聞團陽子人元鍊氣奪天地造化之論，遂起問：「天元與人元若何？」團陽曰：

「居，吾語汝。天命之謂性，理從氣出，天元也；盡性以至命，氣從理出，人元也。上德無

爲，不以察求，清靜之功也，曰天元；下德爲之，其用不休，返還之道也，曰人元。上德之

士，得天甚厚，然猶有清靜修持，必將元氣元神鍊爲至清至虛，化爲正等正覺，乃克盡乎天元之理，是天元非上德現成之事也，其以上德爲天元者，以其故我無虧，自與天元相近耳；下德之士，得人最多，故先有還返妙諦，必將陰丹陽丹打成一團一片，鍊入太無太虛，乃克全乎人元之道，是人元非下德現成之體也，其以下德爲人元者，以其自他有耀，故號人元之術耳。上德本體，性命雙賦；下德妙用，性命雙全。而要以一氣爲陶鑄。是故人得元始真一之氣以成仙，即如天施陰陽五行之氣以成人。丹道所以奪天地之造化者，以天道同也。」

上德之體，精氣神皆稱爲元，蓋得於天者甚厚，不必求之彼家也，故曰天元；下德之事，精氣神皆名曰真，蓋取於人者甚多，不能求之我家也，故曰人元。然此人元下手，亦有採元之妙諦，求元之秘機。是故以人還天者，採元精而補元氣、鍊元氣而養元神、鍊元神以成真神，則後天之事畢矣；即真神以生真氣，即真氣以求真精，奪真精以成真鉛，則先天之事畢矣。到得返本還元，抱元守一，直與上德之事大相同也。 修下德而不造無爲之境，抱上德而不究無爲之玄，皆不能服食天元，位證天仙也。

性命順逆第十九章

性命之理，有順有逆。順成之性命得之天，以一兼二；逆成之性命造乎人，以一合二。以一兼二者，即氣以賦理，氣理合而性命渾全；以一合二者，舉水以滅火，水火交而性命長在。天命之謂性，命中有性焉，順成也，孟子以形色謂天性，蓋其所命者，有是形即有是性，良知良能皆於所命之形體寄之；盡性以至命，性中造命焉，逆成也，至人以神火種命寶，蓋其所性者，有是神乃有是命，於感於召皆於所性之神光爲之。今而知上德清靜，守其順成之道，而結仙胎，即天以全人也。並可知下德返還，修其逆成之道，而結聖胎，又盡人而合天也。學道者其知之。

玄關一竅第二十章

玄關一竅，自虛無中生，不居於五臟六腑，肢體間無論也。今以其名而言，此關爲玄妙機關，故曰「玄關」；此竅爲萬法歸一之地，有獨無對，故曰「一竅」。一言以備之曰「中」是也。中在上下之中，亦不在上下之中，有死有活故也。何謂死？以黃庭、炁穴、丹田爲此中，就是死的。何謂活？以凝神聚炁，現出此中，就是活的。以死的論，就叫黃庭、炁穴、丹

田；以活的論，乃算做玄關一竅。故曰：「自虛無中生」。真機直露，得者秘之。

玄關再說第二十一章

玄關者，神氣交媾之靈光。初見玄關，明滅無定；初入玄關，惝惚無憑：以其神氣乍合，未能固結也。到得交抱純熟，死心不離，始識玄關之中，人我皆忘，鬼神莫測。離此不能躲無常，渾渾純純，兀兀騰騰。此中玄妙，變化萬端，不可名狀，無怪其名之多也。各人所見不同，各因所見而字，各就所用而號。古仙師秘而不言，都要摩頂受戒，乃有傳述。即有所論，不過曰非心非腎而已。吾謂其並非黃庭、炁穴、丹田也。今再說破，識者秘之。

兩孔穴法第二十二章

丹家有一穴，一穴有兩孔，空其中而竅其兩端，故稱為「兩孔穴」。師所傳「口對口，竅對竅」者，即此境界也。為任督交合之地，陰陽交會之所，烏兔往來之鄉。一穴兩孔，其中有作為之法，此法最玄也。

《參同》曰：「上閉則稱有，下閉則稱無；無者以奉上，上有神德居。此兩孔穴法，金氣亦相須。」斯數語者，即盡「為之」之法也。上下者，天地也；閉者，冥合也；有無者，

妙竅也；稱者，名狀也。一上一下，皆藏於此穴之間；若有若無，咸在乎此穴之內。當

其致虛守靜，天地冥合之時，有以觀其妙，妙有之物，不可名而可名，故稱「有」，所謂「窈冥

有精，其中有信」者也；無以觀其竅，虛無之竅，可狀而不可狀，故稱「無」，所謂「其中有

物歸無物」者也。無者以奉上，非是空空回復，乃是先天真鉛，老子所謂「無狀之狀，無象

之象，迎之不見其首，隨之不見其後」者也。丹法以無奉上，即是將無還有。其所謂奉者，

是誰敬奉，是誰相奉，神德恭居，其氣自還。還即奉也，只怕上無神德耳。上即黃庭之上，

德即謙柔之德，〈契〉所謂「反者道之驗，弱者德之柄」也。致虛用道，求鉛用德，德有爲而道

無爲，不可不知其法也。兩孔者，玄牝之門也，爲金丹化生之所。人於一穴兩孔中，知行

追攝之法，則兩門皆開，夫而後金來歸性，可稱還丹也，故曰「金氣亦相須」云云。相須者，

相須此攝法也。

玄牝根基第二十三章

修玄之士，無論大丹小丹，均宜靜養谷神，立其根本。谷神者，先天虛靈之稱，吾人元

性是也。養於何處？玄牝尚焉。上陽云：「玄牝乃二物，若無此二物，又安有萬物

哉？」蓋以玄天也，牝地也，已見〈易〉之首卦矣。可知玄牝一竅，實爲生生化化之源。入道

者，可不尋此生化之源哉？夫此生化之源，即是玄牝之竅也。

十首之「玄牝之門世罕知」句，此處所引「上陽云」，實係道光薛紫賢註語。

或引老君之言曰：「『谷神不死，是謂玄牝。』若又以谷神爲玄牝者，何也？」答曰：

「假虛無之玄牝，養虛無之谷神，故以『谷神』之名名『玄牝』，此因用所名之義。」而且更有

說者，金丹四百字云「此竅非凡竅，乾坤共合成」，名爲神炁穴，內有坎離精」，則玄牝不但

養神，而並以養氣也。

今夫神氣交而玄牝現，故當凝神聚氣，二物交融，乃能結成乾坤圈子，此其中有顛倒

之用焉。何則？自上凝下者，神也，以其玄天之尊體，而行牝地之卑躬，則上下交泰，氣

神和合也。

道德經云：「天下之交，天下之牝。」蓋此竅當中，故曰「天下之交」，中有柔

道，故曰「天下之牝」。言牝道而玄道亦在內，故曰「玄牝」。

玄牝者，一乾一坤，一剛一柔也。不如是則神健氣健，反相敵而反相離，故謂「以男下

女」「以神下氣」，顛倒相俱，陰陽相媾，斯神與氣會，而根基立焉。否則，神自神而氣自氣，

氣自氣而神自神。神不得氣則無補神之物也，氣不歸神則無養神之用也，欲令元神長在，

其可得乎？而且神住絳宮，則絳宮爲布政之明堂，知識見聞皆擾之，惟凝於黃庭，而後聲

籟絕，念慮除，此亦不無清養也。

故悟真云：「要得谷神長不死，須憑玄牝立根基；真精既返黃金室，一顆明珠永不離。」谷神者，至虛至靈之汞性；真精者，至清至嫩之鉛情；根基者，以汞迎鉛，造就金丹之地也；黃金室，黃房也，以其爲還金之地，故曰「黃金室」也；金鉛木汞交併，方成一顆明珠，明珠者，一顆金丹大如黍珠也；金來歸性初，乃得稱還丹，一得永得，故曰「永不離」也。嘗謂紫陽此詩，直明千古真訣，先天後天皆宜之。愚所解者，先天也。即以後天論，亦須先求玄牝，乃可築其丹基焉。蓋谷神憑此而立，則真精亦憑此而返，以玄牝養谷神，以谷神養真精，神得精而培元，精得神而化氣。參同云「內以養己」，安靜虛無」，又曰「性主處內，立置鄞鄂」，可知修身之要，必先以靜養谷神作根基矣。

「中」字直指第二十四章

道德經云：「多言數窮，不如守中。」識得這「中」，即是聖賢仙佛種子，否則修道無地，一舉足而即落魔坑。

「中」者何？玄關是也。參同云「運移不失中」「浮游守規中」，皆指此也。陶仙云：「中非四維上下之中，儒曰『喜怒哀樂之未發』，道曰『念頭不動處爲玄牝』，釋曰『不思善，不思惡，正恁麼時，那個是本來面目』，乃是真『中』也。」中境，妙自養己凝神，入室還丹，以

至脱胎神化，無不在是。故初入道者，即要識得這「中」，乃有登進之路。在昔文始天尊問

道於太上曰：「修身至要，載在何章？」太上曰：「在於深根固蒂，守中抱一而已。」今即

其言試述之。

學人下手之初，務要牢持筋骨，力戰睡魔，塞兌垂簾，離諸妄想，迴光返照乎三穴。三

穴者，黃庭、炁海、丹田也。然雖返照三穴，又要不執意於三穴，亦不馳意於三穴，夫而後

神安其內，息任天然，渾乎俱忘，杳無朕兆，〈經〉所謂「無欲以觀其妙」者，正此時也，致虛

守靜之際，神凝氣合之時，不意有一境忽從規中化出，其大無外，其小無內，則玄關現象

矣，〈經〉所謂「有欲以觀其竅」者，又此時也。再攷之〈契〉云：「上閉則稱有，下閉則稱無。」竅

謂此「上」「下」二字，都在「中」字裏潛藏，陰陽來往於其內，坎離升降於其間，合上下而入

乎其中矣。是故上者而下閉，則管括微密，太虛之中，元氣獨運，故稱「無」，此亦「觀妙」之

旨也，下者而上閉，則隱藏未見，然杳冥有精，其中有信，故稱「有」，此亦「觀竅」之旨也。

「上閉」「下閉」皆歸於玄牝之內，「無欲」「有欲」盡存乎玄微之間，是故玄關一竅有稱爲「有

無妙竅」者，有稱爲「陰陽鼎」者，有稱爲「神氣穴」者，皆由此也，皆統

於一「中」而已矣。

師評曰：「學道學道，先要得妙；不得其妙，難窺其竅。欲窺其竅，還須聞道，某

藥物直陳第二十五章

與團陽，間觀一笑。」

藥物者何？上陽云：「此藥自物中來故也。」夫藥有小藥大藥，道分先天後天。後天則小藥，結丹用之；先天則大藥，還丹用之。後天則無形無質而實有，先天則有體有用而實無。

後天真鉛，棄癸取壬，陰中藏陽，以無生有也。

者，精氣神之三元也；壬爲天一所生，居子之先，爲一陽之元。蓋壬癸皆居坎北，水屬陰，壬水則陰中之陽，癸水則陰中之陰。又壬癸爲干，亥子爲支，欲求真鉛者，必以天干爲準，地支次之，天先乎地也。要之，壬也者，只是個最初之義，無思無慮之始，動而仍靜之先；子則有知有覺之時，靜而向動之際也。癸陰不用，而亥未脫陰，亦不用也。求小藥之法，在此時也。

先天則不然。產在坤，種在乾，以有生無，以我求彼。蓋乾金入坤，曰坤中金；坤實成坎，曰水中金。坎居北方，兌在西方爲鄰，故寄居於兌，名曰兌金。欲求此金者，不求於乾，不求於坤，直求於兌可也。不求於乾者，乾方播種也；不求於坤者，坤方含元也；

不求於坎者，坎雖有陽，尚藏於水，未露氣機也；直求於兌者，鉛中產陽，已現其金，喻初三日月出庚方也。故以坎水爲川源，兌金爲藥物，非真有乾坤坎兌列吾身中也，無非是以有生無，以我求彼焉耳。我運一點陰火之精，種在彼家之內，遂生鉛中之陽，陽氣一動，採取歸來，又種在我家胚胎宮裏，而成真人，悟真云「依他坤位生成體，種在乾家交感宮」是也。「種在乾」之「種」，是初播種；「種在乾家」之「種」，是養育也。崔、張二翁復起，當以愚解爲然也。種鉛得鉛，其機如此，但其種鉛之法，須要在丁壬先後之間，然後得震兌代行之效。吾師口訣，並識於此，內外二藥之真機，今已直露，得吾言者，三生有幸，勿輕褻視之。

鉛汞的辨第二十六章

心中之神曰汞性，心中之精曰汞液，收汞性於黃庭，凝汞液於紫府，是爲龍汞，是曰真汞，是號內丹，是名陰丹，稱後天半斤子也；身中之氣曰鉛精，身中之精曰鉛華，察鉛精於坎宮，採鉛華於兌戶，是爲虎鉛，是曰真鉛，是號外丹，是名陽丹，是稱先天八兩母也。

鼎器直說第二十七章

丹法以乾坤爲鼎器，以坎離爲藥物，取坎填離，金始還焉。蓋坤形六段，其體本虛，地

勢極陰之中，有一陽來復；乾形三連，其體皆實，天勢盛陽之內，有一陰乍生。天地間，實者不能容物，而虛者能受，故假坤之虛以藏其實，而以乾之實投其虛，法功如此，又要知金之轉移，乃能分藥之老嫩。蓋自先天乾金隱居坤位，此時陰中含陽，雖似坎中有一，而水底潛形，秘而未露，迫至水中金現，有如兌西月出，方爲可用之金，而採以一符之頃，此正有氣無質之時也。取於兌猶之取於坎，產於兌猶之產於坤，然非乾父之精光，不能產此大藥也。饒他爲主，我反爲賓，欲他上浮，我却下沉，賓主浮沉，皆在鼎中作用，然後知鼎器之設，妙在乎空耳。

陶真人云：「鼎器之中，本來無物，二七之期，感觸乾父精光，而陽氣始動；乾鼎中，亦本來無物，採取之時，吸受坤母陽鉛，而金丹始凝。皆是劈空造作出來，其曰鼎器者，不過假此以作盛物之器也。」其言最妙，故識於此。

乾坤坎離章第二十八章

先天是乾坤，後天是坎離，然先天有乾坤兼有坎離，後天有坎離復有乾坤。其故何也？

先天是乾坤者，童真元陽未破，內具乾象而陽固，外具坤象而陰固，故名先天乾坤也；

後天是坎離者，中歲元陽已走，坤包乾陽而坎成，乾包坤陰而離成，故名後天坎離也；

乾坤坎離章第二十八章

二二三

也，先天有乾坤兼有坎離者，蓋以乾坤爲鼎器，坎離爲藥物也；後天有坎離復有乾坤者，蓋以得坎離爲妙用，還乾坤之本體也。更有當知者，後天鍊己之物，又名先天坎離，言其取坎填離，得成玉液還丹也；先天還元之物，亦名先天坎離，言其取坎化離，得生金液還丹也。先天後天之取坎，皆名先天，特有他家來、我家種之別耳。

愚按：先天乾坤，即是天元藥物，猶後天坎離乃是人元藥物也。童子得訣逢師，坐守乾坤而成道。至落於後天，則乾坤更名鼎器也。

採鍊妙用第二十九章

採鍊者，採彼家陽鉛，鍊我家子珠之氣也。陽鉛即地魄，以其藏於外邊至陰之中，故曰「地魄」。鍊己時得之，則可以制我汞性，而使之成砂，《悟真》云「但將地魄擒砂汞」，只要人會採會鍊耳。云何採？採以不採之採。云何鍊？鍊以不鍊之鍊。何謂不採之採？龍閒虎靜，守雌不雄，建子之月，其氣始升，神即隨其升而逆入鼎內，就便引來，所謂不採之採也。何謂不鍊之鍊？彼在我家，即藥是火，相融之久，其陰自化，陽即因之而長，積在爐中，自然運化，故曰不鍊之鍊也。但其間須要凝神以待乃能採之，調息以守乃能鍊之，精盡化氣，腹內充實，而內丹可結矣。

河車細旨第三十章

河車者，得藥運行之要旨，非存想搬運之法，乃子午進退，陰陽闔闢，內外升降，天地自然之火候也。自築基以來，金鼎充足以後，調內息，凝內神，神息相依，風火交合，忽然而靈芽吐萌，氣機生動，吾即起河車以鍊之，使之自下往後，由督脈進，逆流天谷，而返中宮，此得藥當行之事也。惜後人不得真傳，多落存想搬運，空空往來，有何益哉？只緣妙悟少人，故仙師難說耳。今吾試言之。

其妙在意守於內，神馭於外。然自有此說，而疑者紛紛矣。蓋以真神即真意，如何兩處分身？主內復主外，安得獨充二役？此疑之必然者也。抑知神守內庭，只貴凝，而不貴運，運則必用乎意也。周天之妙，外運逸而內掌勞，故內掌必以意當之。譬之於人也，身坐燈前，影現壁上，身動而影亦動也；語發室中，聲流牆外，語出而聲亦出也。意也者，即如神之身與語，神也者，即如意之影與聲，未有不相見不相聞者也。故以意籌其內，而其神自運於外，是二仍是一，運內即運外，不要管着他，自然兩相知也。何則？真意居中，調遣呼吸，以內應外，此本知有內者也。然而真意流行，穿關過頂，又有隱隱相知者。是神乎？是意乎？此神還即此意乎？伍真人云「有兩相知之微意」，蓋即此也。吾不

知神與意之何以化體分身也，又不知神與意之何以裏應外合也，即以不知爲真知而已，吾只伏吾意而調吾內。這裏氣動，那裏氣升，這裏風行，那裏風送，這裏是意，那裏是神，是神是意，分而不分，只覺守內者會理家事，馭外者即上天門，不知其何以有此兩相知之微意也。玄乎玄乎，泛仙槎，遊銀漢，朝碧落，歸黃庭，機暢神流，快活極矣。日日循環，朝朝來往，氣冲百節，灌注三宮，則所得之藥，方不致閒散無用，而真氣愈多矣。

吁！世人昧却河車旨，搬運勞勞枉費心；不把真傳詳細說，饒君到處去摹尋。

真心論第三十一章

金丹之道，貴得真神、真氣、真精，而後能成造化。然不用其真心，亦不能得此真精、真氣、真神也。真心者，識念未起之前，人欲未交之會，陰氣未染之萌也。

修身妙道，全在定靜中下手。學人鍊己未純，惟有此着功夫，稍能濟事，兵家所謂「出其不意，攻其無備」時也。當心地偶清之際，吾則閉塞三寶，凝神調息，內想不出，外想不入，此時欲念未發，有功即效。乘識神之未用，而可以見其真神矣；乘濁氣之未擾，而可以養其真氣矣；乘淫精之未播，而可以待其真精矣；一心專向，致虛極而守靜篤，並可以認其玄關矣。此性命雙修之第一義也。真心之用，豈不妙哉？

道竅談

二二六

如待有事物交接、人我應酬、笑言飲食之念觸動心機，而乃從而克制之，則內心浮動，雜念已生，吾止之而即止，幸也。苟或止之而復起，麾之而又來，愈逐愈多，如逢勍敵，閉目作天人之戰，撫衷爲靡爛之場，心敗矣，可奈何？大抵初基之士，比不得塵緣久淡，對境忘情之人。頓悟虛空者，固稱上智；漸悟了性者，亦非下流。學人只覓真心下手，雖鍊己未到，亦可覓靜入門，總要遇而勿失耳。其真心，或在平旦，或在晚間，或散於十二時中，自領之而自取之可也。

是說也，其名似剏而實非剏，且有便於初學之流，亦與前古丹經融通不悖。苟如此漸造之，時時守其真，日日抱其真，無時無日不見其真，由其漸而及其常，久久純靜，則並舉鍊己之功而亦包之矣，不更大歟？然則心地偶清明時，正是一派好功課，好光陰，好境界，願人以一刻千金珍重視之也。

心神直說第三十二章　篇中兼言調息之法。

心爲一身之主人，神爲三品之上藥，惟心與神，是二是一，不可不辨也。老君曰：「夫人神好清，而心擾之；人心好靜，而欲牽之。故常遣其欲，而心自靜；澄其心，而神自清。」陸潛虛曰：「調息之法，自調心始」「凝神之法，自調息始」。此聖賢仙佛之梯航，

吾人入德之路也。

下手學道者，必須攝念歸靜，行住坐臥，皆在腔子裏，則守靜始能篤也。蓋有念爲妄心，無念爲眞心，人能收念於平日，而還其所止之地，乃能專心於臨時，而堅其入定之基，聖人云「知止而後有定，定而後能靜」是也。心之靜者，息亦易調，心愈細而息愈微也。息調則神歸，於是而再安其神，凝於氣穴之中。

夫心也，而又曰神，何也？蓋心在絳宮，動以紛之則爲念，靜以收之則爲心，即靜心而返乎神室，則爲神。神也者，無思無慮，無爲之中無不爲，無用之中藏大用，此所謂三品之大藥也。凝神之際，務要與息相依。毋以神逐息，毋以神運息，逐息則神散，運息則神搖。只要息息動蕩，任其天然，隨其自然，斯其神愈覺凝然。迨至靜極而動，是神之得乎氣機，是氣初破鴻濛，寂然不動，感而遂通。修道之士，乃如是有爲也哉！

神息妙用第三十三章

神者，火也；息者，風也。欲識風火玄機，須將神息安頓。神貴含光默默，息憑眞氣縣縣。但安其神，不逐於息，有如爐中聚火，箱管抽風，風自扇而火愈紅，火愈紅而金自化。可見是風來助火，並不是火去追風矣。但其中尚有機竅：欲令風箱之氣專篤而吹，

必使風管逼爐，使他從消息中度去，乃能煽起爐燄，火色重青。學人凝神聚氣，即是火鎔金；息向坎中吹，又即是引管逼爐，助風迫火之勢也。爐中火發，陽光騰騰，此時神即是氣，氣即是藥，猶之火鍊鐵紅，紅鐵亦火，瓊琯翁所謂「火即藥，藥即火」者，此也。火藥交融，金丹立就。若使息不內吹，徒向喉鼻中播弄，即是管不逼爐矣，不可笑乎？

神息再論第三十四章

息靜則神歸，凝神之法，固賴調息；神定則息住，調息之法，亦賴乎凝神也。蓋其存神於虛，則內息方有。所以息戀神而住，神依息而留，神息兩平，若存若亡，不知神之為息，息之為神也；風得火而煽，火得風而灼，相維相繫，又不知風之為火、火之為風也。功夫純熟，真有不可以文字形容者。

氣息妙用第三十五章

曹元君云：「我與諸君說端的，命蒂從來在真息。」以真息為命蒂，何也？蓋吾人以後天之呼吸，配先天之呼吸，而先天之呼吸乃是身中真氣，被息引動，悠悠來往。斯時也，是息動耶？是氣動耶？息動氣亦動，兩不分明。息中有氣也，故曰真息氤氳；氣中有

息也，故曰真息橐籥。真息動而真氣生，真氣來而命蒂生。復命之根，養命之源，護命之寶，誠在乎真息而已。

神意妙用第三十六章

神貴凝，契所謂「安靜虛無，內照形軀」是也，神非意，或謂「內照玄關，必用真意」是也。吾聞冲虛云〈真意者，虛無中之正覺」潛虛云「灌注上下，必以元神斡運乎其間」。元神之斡運，即元神之正覺，不得謂元神即真意也，自有體用之殊耳。蓋杳冥無為、靜中宰運者神，從容大雅、理事不亂者意，故神為丹君、意為丹使也。神與意，實有體用之分。既分體用，則二也。用因乎體，故又可以一物視之。但有進說者，欲培真意，須養元氣。真意從靜極而生，乃克成吾之妙用，道所謂「常應常靜」，儒所謂「安而後能慮」，釋所謂「定中生慧」也。

神意再論第三十七章

垂簾打坐之初，神意有不必分者。至於動靜交作，則神意分焉。有時當以神守中宮，而或以意代之，不可也，如致虛守靜觀其復，當其臨爐之會是也；有時當以意守中宮，而

或以神將之，不可也，如擒鉛制汞掌天罡，作媒合之際是也。何者？神則無爲，而意則有

爲也；神則無爲無不爲，意則有爲有以爲。神爲意之神，意以神爲真元，神主靜也；意

爲神之意，神以意爲正覺，意能動也。欲養元神，須以無念爲主，而後能無爲無不爲。上

陽註參同云：「真人潛深淵，浮游守規中，無念以使之，呼吸相含育，無

念以致之」；「三姓既會合，無念以入之」。「無念」之用，尚不止此也。欲運真意，須以鍊己

爲先，而後能有爲有以爲。潛虛就正篇云：「鍊己求鉛，以己迎之」；收火入鼎，以己送

之，烹鍊沐浴，以己守之；温養脱胎，以己成之」。己土之妙，亦不止此也。神哉意哉，

直貫金丹之始終，須臾不可離也。其他尚有妙用處，總在學人自參，吾特集諸說以啓其端

焉。

共爭不朽之論第三十八章

古人有言：「太上立德，次立功，次立言，三者俱不朽。」夫存不朽之神者，道也。而

三者亦不朽，以其爲道之助也。仁慈之德爲道體，謙柔之德爲道用；普濟之功爲道體，

修養之功爲道用。至於言，則功德之記，而載道之文也。故能共爭不朽云。今夫朽則凡，

不朽則聖。人之所以能爭不朽者，以其無所爭，亦以其有所爭。無所爭，則後其身而反先

矣，柔其志而克剛矣；有所爭，則男子之鬚眉，丈夫之氣骨，英雄之果敢，豪傑之猛烈，不與人爭一時，直與人爭萬古，孔子曰「當仁不讓於師」，師正恐其不能爭，空自頹於無勇也。先儒云「平旦之氣，清夜之神，直與聖賢無異，人能即此而充之，雖孔顏不遜也」，釋乘云「能仁寂默，何異釋迦」，般若行深，何殊自在」，道書云「瞿曇不從地湧，鍾呂豈自天來」，此皆以道爲爭，而不必讓於前者，志士勉乎哉！千真萬聖，原不忌人之共爭夫道也。

功成名遂身退論第三十九章

《道德經》曰：「功成名遂身退，天之道。」愚以爲，天之道即人之道，亦即修身之道也。

天以生成暢遂爲功名，時行物育，天道於焉退移，藏身冬令，此天道也。人以盡忠爲功名，功成勇退，名遂身藏，英雄所以從赤松子遊也。又以全孝爲功名，志體交養，其功也，宗族交稱，其名也。父母百年，人子事畢，退身保命，此人道也。丹士以致虛守靜爲無功之功，杳冥恍惚爲無名之名，至於返還功成，聖胎名遂，退身祖竅，抱一還虛，此修丹之道也。

通德類情，識者思之。

仙佛同修說第四十章

性命雙修，此本成仙作佛爲聖之大旨。或謂佛修性，仙修命，儒治世，分門別户，蓋不深究其宗旨也。

愚按：佛重性，而其中實有教外別傳，非不有命也，特秘言耳。其重性功者，蓋欲人從性立命，能使性量恢宏，照十方而無邊無際也。仙重命，而其中亦有教內真傳，非不言性也，特約言耳。其重命學者，蓋欲人即命了性，能使命根永固，歷萬劫而無盡無窮也。若使性功圓滿，外無立命之修，則真性難存，終屬空寂，又何能法周沙界乎？若使命功周到，內無盡性之修，則真命雖守，徒保色身，又何能神通三界乎？惟佛有教外別傳，則從性立命，極樂之地益見空明；惟仙有教內真傳，則盡命了性，而大羅之天益見超脫。是仙也，佛也，聖也，此雙修而非單修者也。故釋迦到禪定時，而有貫頂穿膝之效；迦葉談真實義，而有倒却刹竿之奇。試思於意云何？呂祖云：「單修性兮不修命，此是修行第一病。」紫陽云：「饒君了悟真如性，不免抛身却入身；何如更兼修大藥，頓超無漏作真人。」略舉一隅，可以類推也。至於行深般若，五蘊皆空，丹熟大還，十年面壁，六十耳順，七十從心，夫而後性命雙了，同登空超之境，而仙佛聖皆成也。故達摩初祖了道歌云：

「三家法一般，莫作兩樣看；性命要雙修，乾坤不朽爛。」人又何必是非哉？

且更有說者，三教嗣續，皆不能知，知此必不互相牴牾，只索各盡其道，以歸於道也。

今設一大道主人於此，爲三教說法曰：夫三教者，吾道之三柱，分而爲三，合而爲一者也。道不能分，無變化；道不能合，無統宗。是故以三柱立其極。釋道言性默言命，仙道傳命默傳性，儒道則以擔荷世法爲切，言性難聞，言命又罕，並性命而默修之，遂使三家後裔，各就祖派，分爲專門，掀天震地，講起是非，開出無邊境界。佛攻道，則有翻空出奇之妙想；道攻佛，則有踏實指陳的神思；儒攻佛與道，則有翻瀾不窮的文章，流竅不休的要子。而豈知皆道之分也。道既分三，其中豈無枝流之不同，邪正之不類者？奈何不思其本，而談其末也。夫以性兼命爲一脈，以命兼性爲一脈，渾乎性命爲一脈，此三脈皆道脈也，及其還無，一也。偈曰：「吹了明燈頑要子，誰知打着自家人；吾言若有相攻者，又是飛花點汝身。」